Reconsider time effectiveness of school works by the evidences

学校の 時間対効果を 見直す！

―エビデンスで効果が上がる
16の教育事例―

森　俊郎
×
江澤隆輔

はじめに

「いよいよ学校を見直す時期に来ているんじゃないか？」

きっと本書を手に取られた方なら、一度はそんな思いを抱いたことがあるでしょう。私もそんな思いを抱き、同僚の先生と業務の多さを愚痴り合うこともしばしばでした。

というのも、正直なところ、「何をどう見直せばいいのか」わからないからです。「学校をスリム化したい！」という熱い思いをもっている教師こそ、業務精選の「基準」が欲しいのです。

そんなとき、教育とエビデンスの第一人者である森俊郎先生と出会いました。「エビデンス」と聞くと、どこか冷たい印象があるかもしれません。しかし森先生は、エビデンスで日本の教育を変える、という熱い思いをおもちでした。もちろん、私も当初は「えび……でんす？」。もしかして、毎日の教育活動が「エビデンス」によって否定されるのではという不安から、理解することを拒んでいたのかもしれません。

しかし、森先生と本書を制作していくうちに、エビデンスのすごさに驚かされ、本書を書き上げた現在、「エビデンスをもっと知りたい！」という思いが強くなっています。

本書は、エビデンスを使って学校を「見直す」ために書かれた日本初の書籍です。本書がそのヒントとなり、さまざまな立場で学校をより良くしたい方々が学校を「見直す」ときの一助となれば幸いです。

2019年6月

江澤隆輔

本書の主な登場人物

伊藤先生（35歳）
小学校教員11年目。中堅に差し掛かり、仕事も家庭も忙しい毎日。無駄なことが多すぎないか？と、学校のアレコレに疑問を持ち始めている。趣味は野球観戦。

教頭先生（55歳）
伊藤先生が勤務する小学校の管理職。「前例踏襲」主義で、無難に物事を進めるのが自分の役割だと思っている。一方で未だに「教師は聖職」だと思っている。

七瀬先生（32歳）
小学校教員10年目。伊藤先生と同じ学年を組んでいる。性格は温厚で、あまり波風を立てたくないタイプだが、こだわるところは非常にこだわる。趣味はカフェで読書をすること。

柏木先生（35歳）
私立の中学校教員13年目。伊藤先生とは大学の友人で、担当教科は英語。海外に留学した経験もあり、視野が広く、生徒や後輩教員から悩みを相談されることも多い。

目 次

はじめに …………… p.2
- 本書の主な登場人物 …………… p.3
- 図式の説明 …………… p.6

序章 エビデンスを使って学校を見直す！

- 時間をかければいい授業ができるのか？ …………… p.8
- 教師の仕事の効果を確かめる
  強力な武器＝「エビデンス」 …………… p.10
- 学校を見直すための手順 …………… p.13
- 頭の整理箱！「SICO」のフレームワーク …………… p.16
- ４つの判断材料で意思決定！ …………… p.18

第1章 学習指導編

テーマ1 広まりつつある**協同学習**。
果たしてその効果は!? …………… p.24

テーマ2 時間がないなか、**振り返り**をする
意義はあるのか？ …………… p.32

テーマ3 伸びが見えにくい読解力。
音読はその特効薬になる!? …………… p.40

テーマ4 意見真っ二つ!?
宿題は学力向上を促すか？ …………… p.48

テーマ5 **新しい指導法**には飛びつくな!? …………… p.56

テーマ6 増えてきた**ICT機器**の
「時間対効果」はいかに？ …………… p.64

テーマ7 **夏の課外授業**をすれば
学力は上がる？ …………… p.72

(COLUMN) 若手教師にとっての
新たな選択肢「エビデンス」 …………… p.80

第2章 生活指導編

- **テーマ8** キレやすい子どもに学校は何ができるのか？ …………… p.82
- **テーマ9** 日本では当たり前の**制服**！その効果は果たして… …………… p.90
- **テーマ10** **席替え**はくじ？それとも……？ …………… p.98
- **テーマ11** 忙しすぎる中学生。**運動と勉強**は比例それとも反比例!? …………… p.106
- **テーマ12** **クラスで賞を取れた！**が… …………… p.114
- **テーマ13** 朝の時間に本を読むべきか？運動すべきか？ …………… p.122
- (COLUMN) エビデンスは調味料 …………… p.130

第3章 教師の業務編

- **テーマ14** **黒板周りの掲示物**は、児童・生徒にどう影響する？ …………… p.132
- **テーマ15** 毎年恒例の**指導案作り**。その時間対効果はいかに!? …………… p.140
- **テーマ16** 毎日の**学級通信**が良いクラスを作る!? …………… p.148

おわりに …………… p.156

・本書で扱う「エビデンス」について …………… p.158

ステップ2・3 の図式の説明

第1～3章の各事例ページの「ステップ2・3」でエビデンスを紹介する際、その教育効果を視覚的にわかりやすく伝えるため、本書では以下の凡例を用いた図式で表しています。

＜凡例＞

●エビデンスあり	効果⾼	➡（太い矢印）	太線
	効果中	→（中矢印）	中線
	効果低	→（細矢印）	細線
●相関	－	➡（青い実線矢印）	色つきの実線
●エビデンスなし	－	----▶	点線
●効果なし	－	— — →	途切れ線

※エビデンスとは、科学的根拠である。☆☆☆は、Randomized Controlled Trials（RCT：ランダム化比較試験）の Systematic Reviews（SR：システィマテック・レビュー）という質の高いエビデンスである。エビデンスについて、詳しくはP158～159を参照。
※「効果」は、高い⇔低い、「労力・予算」は、多い⇔少ないと表記した。
※ ----▶ は、現時点でエビデンスがないことを意味する（効果のある可能性もある）。

序章

エビデンスを使って
学校を見直す！

時間をかければいい授業ができるのか？

志ある教師の疑問

「目の前の子どもたちによりよい授業や指導をしたい」。そう考えていらっしゃる志の高い教師は、全国にたくさんいると思います。授業では、学びの素晴らしさを伝えたいと日々努力し、生活指導のあれこれでは子どもたちがよりよく生きていけるように一緒に悩んだり喜んだりしていることでしょう。子どもたちが自分の目標に向かって努力し成長する姿を身近で見ることができるのは、まさに、教師冥利に尽きる瞬間です。

そんな教師になることを目指して、志ある教師は日々精進します。図書館や本屋にある教育書を読みあさり、土日も研修会やセミナーに参加。そして、学んだことを活かして授業や指導にあたる。その結果、いつもより良い授業ができたと実感します。

「いや〜よかった、よかった」

しかし、志ある教師であれば、授業や指導のあと、さらに次のように考えるのではないでしょうか。

「この実践は、本当に子どもたちのためになったのだろうか」

例えば、次のような場面です。似たような経験はありませんか。

＜ シーン ① ある日の理科の授業 ＞

　我ながら工夫を凝らした教材を子どもたちの前に提示する。多くの子どもたちは驚きの声をあげる。手ごたえあり！

　しかし、授業後、理科が嫌いなA君、Bさんはこの授業で力をつけることができたのだろうかとハッとする。二人の顔を思いうかべるが、教材に夢中になりすぎて、一人ひとりの反応までチェックできていなかった……。

＜シーン②　ある日の公開授業＞

　頑張って取り組んだ公開授業後の研究協議会。講師のＤ指導主事からは、「先生の授業は、子どもの目がキラキラ輝いていました。本当に素晴らしい授業だったと思います」とほめられる。頑張れば頑張っただけ報われたと感じる。

　しかし、単元終了後の業者テストの結果を見ると散々……。

どちらの場面も、

この実践は、本当に子どもたちのためになったのだろうか

と考えてしまう場面ではないでしょうか。

筆者の経験から

　自分なりに工夫した教材を用いて授業を行った結果、目を輝かせていたのは教師と一部の子どもだけ……ということはないでしょうか。筆者の専門は理科ですが、本物の生物教材を見せてあげたいと思い実物を提示したところ、大半の子どもに「気色が悪い」言われた苦い経験があります。工夫した教材も単なる自己満足に陥ることに、このときに気づいたのです。

　教師も人間ですから、自己満足に終わることや空回りすることもあります。しかしその上で、本書では志ある教師に、ある提案をしたいのです。

　それは、**「エビデンスに基づく実践」**です。

　詳しくは次項から説明しますが、これは、**エビデンス（科学的根拠）を参考にしながら実践を行い、また見直し、より高い**

教育効果を目指すというものです。「この実践は、本当に子どもたちのためになったのだろうか」という疑問を抱く、志ある教師にとって大きな武器になるでしょう。

> 教師の仕事の効果を確かめる強力な武器＝「エビデンス」

エビデンスって何？

エビデンスとは、「科学的根拠」という意味です。客観性、妥当性、再現性があり、確からしい知見を「エビデンス」と言います。似たような言葉では、データ、研究、評価がありますが、「エビデンス」はより質が高いものを指します。例えて言うならば、情報を磨き上げた**「結晶」**のようなものです。

上の図の☆の数は、グレード（質の高さ）を表しています。

＜グレード外＞個人の意見

インターネット上のブログ、書籍などは、個人の見解です。これらは、エビデンスとは言いません。注意しなければいけないことは、専門家の発言や発信もあくまで「意見」であって、個人の見解だということです。

＜グレード☆＞データ

データは単なる数字のことです。全国学力学習状況調査などの結果を示したものは、単なるデータにすぎません。

＜グレード☆☆＞研究

実践研究などを指します。データよりは質が高いと言えますが、中には、誤った研究方法により誤った結果を提示しているものや過剰な主張をしているものもあるので、鵜呑みにするのは少し危険です。

＜グレード☆☆☆＞エビデンス（科学的根拠）

何万人という人を対象にして大規模に取り組まれた研究をまとめたものを指します。それらを分析し、明らかになった「結晶」のような知見が、最も質の高いエビデンスと言えます。

エビデンスはどこで入手できるの？

本書では、可能な限り質の高いエビデンスを紹介しています。諸外国には、エビデンスを無償で提供している機関があります。イギリスでは「EEF」、アメリカでは「WWC」、国際的な「キャンベル共同計画」がこれにあたります。日本国内には、質の高いエビデンスが少ないのが現状です。とはいえ、文化的な背景の違いもありますので、日本の調査研究も研究方法がしっかり

しているものについては、本書の中でもエビデンスとして取り上げて、紹介しています。本書で取り扱っている主なエビデンス機関は、以下のとおりです。

Education Endowment Foundation (EEF)	https://educationendowmentfoundation.org.uk/
What Works Clearinghouse (WWC)	https://ies.ed.gov/ncee/wwc/
Campbell Collaboration (キャンベル共同計画)	https://www.campbellcollaboration.org/

上記の機関でエビデンスがない場合、国立情報学研究所(CiNii)から情報を検索しました。

なお、エビデンスは日々更新されています。数年前に常識だったものが、研究により実はそうではなかったということもあります。現段階での最良のエビデンスであるということを念頭に置いてください。

エビデンスがあっても労力などのコストがかかる場合も

しかし、いくら質の高いエビデンスのある取組みでも、**教師の労力や金銭的なコストがあまりにかかるものは安易に取り入れることができません。**逆に、コストの割に効果が高い取組みは「費用対効果(いわゆるコスパ)」が高いと言えます。本書のタイトルに**「時間対効果を見直す」**とあるように、**限られた時間のなかでいかに効果を上げるかが大事なのです。**

本書では、学校のさまざまな取組みを事例として取り上げていますが、まずはエビデンスの有無を調べ、エビデンスがあるものについてはその質を見極め、さらに労力や金銭的なコストはどうかという視点を踏まえて**総合的に見直す**方法を紹介します。

学校を見直すための手順

学校の取組みを見直して、時間対効果を上げたい！

　先に述べたように、エビデンスは最も信頼性の高い情報です。しかし、エビデンスだけですべて解決するとは限りません。**学校全体の取組みを変えるような場合、多くの関係者の合意形成が必要になる**からです。

　エビデンスに基づいて学校全体の取組みを変える手立てとして、「エビデンスに基づく学校見直しのサイクル」というモデルがあります。次に示す5つの流れは、学校や学年単位で実践を見直すためのサイクルです。アウトカム（成果）の設定から始まり、解決方法を模索し、良い実践を共有したりして学校をよりよくしていく流れです。

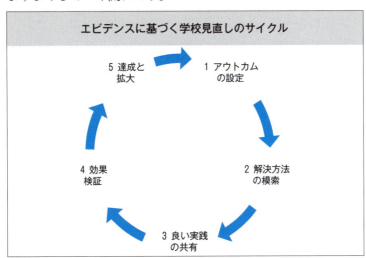

エビデンスに基づく学校見直しのサイクル

1 アウトカムの設定
2 解決方法の模索
3 良い実践の共有
4 効果検証
5 達成と拡大

出典：Education Endowment Foundation（2019）
https://educationendowmentfoundation.org.uk/tools/5-steps-to-applying-evidence-in-your-school/#search

そして、学級や個人の単位で見直す場合の詳細な手順が下記の「5つのステップ」です。

ステップ1	問題を整理する	★
ステップ2	その問題のエビデンスを探す	★★
ステップ3	手に入れたエビデンスを見極める	★★
ステップ4	手立てを見直し、意思決定する	★
ステップ5	一連の手立てを振り返る	★★

上の表の★の数は難易度レベルを表しています。(★＝入門レベル ★★＝発展レベル)

ステップ1 問題の整理 ★

まず、「**SICO(シコ)**」というフレームワークを使い、何が問題か、そもそもねらいは何か等、考えを整理します。「SICO」については後ほど(p.16〜)詳しく説明しますが、授業でも生活指導でも手立てについて悩んだとき、とても役に立つ頭の整理箱のようなものです。

ステップ2 エビデンスを探す ★★

次に、SICOで挙げた手立てについてのエビデンスを探します。よりよい実践を行うためには、より確かなエビデンスを探すことが大切です。ただし、現状では多くのエビデンスは海外のサイトにあり、見つけ出すのは容易ではありません。そのため、本書では、筆者がリサーチを行い、該当するエビデンスを一例として紹介します。

ステップ3 エビデンスの見極め ★★

手立てについてのエビデンスが見つかったら、その質を見極めることが欠かせません。前述したように、情報の質には差が

あります。ステップ2で集めた情報が確かなエビデンスといえるのか、本当に児童・生徒の実態の参考になるのかをここでチェックします。しかし、情報を見極めるためには統計学など一定の専門的な知識が必要になります。そこで本書では、あらかじめこのステップも行った上でエビデンスを紹介します。

ステップ4　見直しと意思決定　★

教師は日々意思決定をします。本書では、「ねらい」「児童・生徒の実態」「エビデンス」そして「かけられる時間（コスト）」の**4つの判断材料**から現状を見直します。各事例では、書き込み欄、意思決定を促すアドバイスも掲載していますので、参考にしてください。

ステップ5　振り返り　★★

ステップ1で明らかにした問題がどうなったのかを振り返り、効果を検証します。児童・生徒の様子やアンケート、テストの結果などを見ながら検証し、さらに、これまでの4ステップがうまくいったのかも振り返ります。

本書では、この5つのステップに沿いながら、入門レベルである**ステップ1＆ステップ4の部分については、読者自身が実行（記入）できる**ように構成しています。さらにエビデンスにに基づく教育について知りたい方は、下記の研究会サイトにアクセスしてみてください。
「エビデンスに基づく教育研究会」
https://ebe-riron-jissen.jimdo.com/

頭の整理箱！「SICO」のフレームワーク

SICOとは？

　教師自身や学校の取組みを見直す前に、いま、何が問題かを明らかにすることから始めます。そんなとき、**「SICO（シコ）」のフレームワーク**が役に立ちます。SICOは、日常のさまざまな場面で、手立ての在り方を簡単に考え直す**「頭の整理箱」**のようなものです。StudentのS、InterventionのI、ComparisonのC、OutcomeのOという4つの観点で現状を整理していきます。

S	Student（児童・生徒）	「どんな児童（生徒）に」
I	Intervention（手立て）	「何をすると」
C	Comparison（比較）	「何と比べて」
O	Outcome（ねらい、成果）	「どんな成果がある（あった)か」

＜例＞

　小学校の運動会。全校児童が整列すべき場面で、A小学校の児童たちは、なかなか美しく並ぶことができません。全体指導を行うベテランのB先生は、整列の指示を直接出すこともできましたが、ねらいと照らし合わせ考えた末、応援団にリーダーシップを任せるという指導を選びました。その結果、全校児童がテキパキと行動することができました。

　この場合のB先生の指導をSICOで考えてみます。これは、実際にB先生にインタビューし、SICOを使って現状を整理し

たものです。

S	Student	「美しく整列できないA小学校の児童たち」に
I	Intervention	「応援団にリーダーシップを任せる」のと
C	Comparison	「教師が直接指示を出し、整列させる」のとでは
O	Outcome	(どちらが)「応援団としての自覚、団の仲間の結束を高めることができるか」

　実はこのとき、B先生にとって全校児童を美しく整列させることが目的ではなく、応援団の自覚や団の仲間の結束を高めることをねらいとしていました。その結果、教師が直接整列の指示を出すのは適切ではないと判断しました。

　SICOのフレームワークは、いくつかの指導方法に対して、**指導のねらいを明確にし、よりベターなものは何かを考える思考ツール**です。上の例でもおわかりになると思いますが、特に**Outcome（指導のねらい）を明確にすることは重要**です。SICOを用いるとき、まずこのOから考えるとよいでしょう。

　しかし、場合によっては、児童生徒の実態（S）を見てから手立て（I、C）を考えるということもあります。第1～3章の事例では、書きやすいところから記入すれば結構です。

　授業場面では、子どもたちにどんな力をこの時間に身につけさせたいのかを考えることが多いのではないでしょうか。「どうすれば」という手法が話題になることが多いですが、SICOで考えると、**そもそも何のために指導をするのか**を明らかにすることがいかに重要かを実感することができます。

　限られた時間のなかでより教育の効果を高めるためには、方法ももちろん大事ですが、SICOを使って手立てに至る「考え方」

を身につけることで、指導力がぐんと高まります。

　自身が行っている手立てや学校全体の取組みが**本来のねらいに即しているかどうか**についてSICOを使って、見直してみましょう。

> **４つの判断材料で意思決定！**

決定するための４つの判断材料

　ここまで、エビデンスという武器を用いながら、学校を見直すステップについて説明してきました。「SICO」を使ってねらいや手立てを整理（ステップ１）したあと、本来はエビデンスを探して質を見極める作業（ステップ２・３）がありますが、本書では筆者がリサーチを済ませていますので、ここでは、**４つの判断材料から実践を見直し、最終的に意思決定をする方法**（ステップ４）をご紹介します。

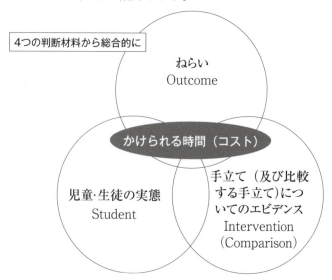

4つの判断材料とは、「ねらい」「児童・生徒の実態」「エビデンス」「かけられる時間（コスト）」です。これらの判断材料を明らかにし、客観視することが「見直し」であり、**最終的な意思決定をするための最善の方法**と考えます。この方法をイメージしたものが左の図です（時には、児童・生徒の実態がわからない場合や、エビデンスが見つからない場合もあります。またこれら4つの判断材料は、いつでも同じ比重ではなく、比重が異なるときもあります）。

判断材料1　「ねらい」

　何か手立てや取組みをする場合には、必ず「ねらい」があるはずです。時間対効果を上げるには、**そもそも何のために指導をするのか**、ねらいを明確にすることがいかに重要かは先に述べたとおりです。「どんなねらいのもと、その手立てを行うのか」を自分の言葉で説明できるようになれば、ねらいが明確になったと言えるでしょう。例えば、授業における指導案では、以下のように、具体的な児童・生徒の姿を明文化することが大切です。

> 例：○○を通して、〜〜に気づき、△△ができる。

判断材料2　「児童・生徒の実態」

　対象とする児童・生徒の実態はどのようなものかを明らかにしましょう。アンケート調査（データ）や行動観察によって児童・生徒の実態を明らかにすることで、より効果の高い取組みになるはずです。授業では、全国学力学習状況調査の結果を参考にすることもできます。

> 例：本時のねらいに関する児童の実態として、予想と結果を結びつけること（平成30年A県学力状況調査（理

> 科）5-3）と実験の結果を基に自分の考えを改善すること（平成27年度全国学力・学習状況調査（理科）3-3）に弱さがみられる。

判断材料 3 「エビデンス」

全ての手立てや取組みにエビデンスが見つかるとは限りませんが、見つかった場合には、エビデンスの質を見極めることが大切です。指導案の例では、**参考文献としてエビデンスを示す**ことで、より教育効果の高い実践に取り組んでいく文化を学校内に醸成することができます。

判断材料 4 「かけられる時間（コスト）」

最後の材料は、かけられる時間（コスト）です。具体的に言うと、**教師の準備にかかる時間や手間、人件費や教材にかけられる予算**です。いくらねらいと実態に即していて、しっかりしたエビデンスのある手立てだとしても、手間やお金が非常にかかるのであれば時間対効果はどうでしょうか？

ここで実際に、4つの判断材料で手立てを考え直したC先生の事例をご紹介します。

宿題について見直したC先生

C先生は、小学校高学年の担任。担任をしている学級の児童Dが全く宿題を提出せず困っていました。C先生はなんとかDの学力を高めたいと考え、宿題の量をさらに増やすのがいいか、Dに対して「なんでやってこないの！」と厳しく叱責するのがいいか、対応について悩んでいました。

そこで、4つの判断材料で宿題の在り方を見直してみました。C先生の考えを4つの判断材料に当てはめると、「児童Dの実

態：全く宿題をやってこない」「ねらい：学力を高めたい」「宿題についてのエビデンス：なし（調べていない）」となります（図のBefore）。

さて、C先生が宿題についてのエビデンスを探してみたところ、イギリスのEEF（Education Endowment Foundation）で一つのエビデンスが見つかりました。EEFによれば、「宿題による学力向上効果はあまり高くない」と示されていました。このエビデンスを知ったC先生は、改めて4つの判断材料でDへの対応を見直してみることにしました。

C先生は、エビデンスによって、宿題で学力を高めることが難しいことを初めて知りました。そして、そうであれば宿題の＜ねらい＞は何なのか？ と見直すことになりました。それと同時に、Dはなぜ宿題をやってこないのか？ ＜実態＞を詳しく知りたくなりました。

そこで、C先生はDに「宿題全然やってきてないけど、どうしたの？」と、やさしく話しかけました。するとDは、最近、親の仕事の都合で生活リズムが崩れたり、家で手伝いをしたりしていて宿題ができないことを教えてくれました。

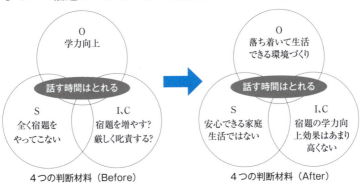

4つの判断材料（Before）　　　4つの判断材料（After）

こうしてC先生は、家庭生活においてDはいま非常に厳しい状況にある＜実態＞を理解し、家庭での生活リズムを整え、落ち着いて生活ができる環境を整えることをDの当面の目標＝ねらいとし、このことをDの保護者や他の職員にも伝えました（図のAfter）。1ヶ月後、家庭での生活が落ち着きを取り戻したころには、Dも宿題がちゃんと出せるようになりました。

　はじめは、Dの学力を高めたいと考え、宿題を大量に出そうか、叱責しようか考えていたC先生ですが、エビデンスを知ったことをきっかけにこの児童に対する対応を見直しました。そして、当初考えていた対応とは異なる方法をとりました。

　後日、C先生は「いままで、宿題について何の疑問もなくとにかく毎日させるものだと思って出していたけれど、子どもの実態も知らず、エビデンスも知らず、ねらいも明確でなかった」と振り返りました。

さあ！ あなたの学校の時間対効果を見直そう！

　さて、本書では、小中学校の学校現場で日々行われているさまざまな取組みを16テーマ取り上げています。**まずは気軽な対話形式**でそれぞれのテーマにおける教師の心の葛藤や疑問を示し、**5つのステップに沿いながら果たして時間をかけるだけの教育効果があるのかどうか**、一緒にエビデンスを見ていきます。

　ステップ1（SICOのフレームワーク）とステップ4（4つの判断材料）の部分については、**読者自身が記入できるスペース**も用意しています。「これ、本当に意味あるの!?」と思っている取組みや、「なるべく時間をかけたくない」と思っている取組みなど、気になったところから開いてみてください。

第 1 章
学習指導編

テーマ ❶ 広まりつつある協同学習。
果たしてその効果は！？

　4月上旬の職員室。

　伊藤先生の学校では毎年4月下旬に授業参観があり、多くの保護者が我が子の学びの様子を見に来ます。

　多くの教師はその日の授業に気合いを入れ、いわゆる「座学」スタイルの授業を行います。座学スタイルの授業を行えば、生徒たちは落ち着いて授業を受けることができるし、その様子を見て保護者も安心するからです。

　ただ、「新しいことをやりたい」「他の先生方とはちょっと違ったことをやりたい」タイプの伊藤先生は何か考えているようです。

隣の七瀬先生に話しかける伊藤先生

伊藤　「七瀬先生〜！　いいことを思いついたんですよ！」
七瀬　「(この4月の忙しい時期に) ……何ですか？」
伊藤　「今度の授業参観のことですよ！　七瀬先生はどんな授業をするんですか？」
七瀬　「オーソドックスな授業ですよ。座学中心の。そちらのほうが保護者も見ていて安心でしょう」
伊藤　「ぷぷぷぷ」
七瀬　「なんですか!?」
伊藤　「いや〜、だろうと思ったんですよ。ぷぷぷ」
七瀬　「感じ悪い！　じゃあ、伊藤先生はどんな授業をされるんですか！」
伊藤　「実は協同学習の発表会にしようと思っています」
七瀬　「……協同学習？」
伊藤　「そうです！　今年のクラスはちょうど30名なので、3名1チームを作って、授業参加までに調べ学習をがっつりやっておきます。テーマは"異文化理解"で、1チーム1カ国について文化や言語、生活スタイルなどを調べます。そして、それらを模造紙にまとめます」
七瀬　「なるほど。そして授業参観で発表するわけですね」
伊藤　「ぷぷぷ。甘いですねぇ、七瀬先生。そんなことしてたら、いくら時間があっても足りませんよ」

七瀬　「ではどうするんですか?」

伊藤　「ポスターセッションです。10チーム同時に発表をしてもらい、保護者の方々に自由に歩き回ってもらう。そして、【その国に行きたいな】と思わせたら勝ち! というルールにして、保護者にシールで投票してもらうんです」

七瀬　「なるほど」

伊藤　「それまでしっかりと協同学習の時間を取って、準備します。わいわい楽しく友達と調べ学習をすることで、きっと学習効果も高くなるはず!」

教頭　「……却下だな」

伊藤　「え!?(教頭先生、いつから聞いてたのー!?)」

教頭　「わいわいしながらするのは単なる遊びじゃないですか? そんなこと学校でする必要はないでしょう」

伊藤　「……」

教頭　「学習効果を上げたいならば、個別で調べ学習をしたらいいでしょう。そうすればクラスで30カ国調べられる」

伊藤　「いやいや、友達と協同で一つのものを完成させようとするから、モチベーションも上がって、いいものができるんですよ!」

七瀬　「(おっ、珍しく反論してる!)」

教頭　「3人1グループ? お遊びグループじゃないか」

伊藤　「違います! 授業と関係ないことは絶対させません」

教頭　「いや、だめだ。そんな授業は認められない」

伊藤　「いや、でも……!」

七瀬　「まぁまぁ……」

さあ、どうする!?

　総合的な学習を中心に、調べ学習は一般的になりつつあります。

　しかし、クラスメートとグループでわいわい一つのことに取り組む協同学習はいかがでしょうか。

　教頭先生が心配しているように、真面目に取り組まない子どもたちがいたり、協同学習中に別のことをしゃべってしまったりと、個別で学習するスタイルにはないデメリットもあるでしょう。

　保護者も楽しみにしている授業参観。あなたならどうしますか？

1…教頭先生に言われたとおり、普通の授業をする
2…協同学習の発表会を行う
3…授業参観とは別の日に、協同学習の発表会を行う
4…その他

● いまのところの回答…

● その回答を選んだ理由…

ステップ1

● SICOを使った問題の整理

S	Student	(例)うちの学級で
I	Intervention	グループで調べ学習をさせるのと
C	Comparison	個別で調べ学習をさせるのとでは
O	Outcome	どちらがやる気を高めるのか

● **ワンポイントアドバイス**

　最近は、学び合い、高め合いなど、児童・生徒が協力して学んでいくスタイルの授業を目指す校内研究が多くなってきました。一方、グループでの活動は遊びとなってしまうという心配もされます。協同学習の効果はどうか、遊びとしないための手立ては何か、IやOの欄を可能な限り書いてみましょう。

ステップ2・3

●「協同学習」にまつわるエビデンスを探す

過去40年以上にわたり、協同学習については多くの☆☆☆のエビデンスが生み出されてきました。教科学習の効果を中心にエビデンス（A～K）をまとめました。縦軸は効果の高さです。協同学習の効果を数字で表しています。0.4以上が高い効果のあったものとされています。

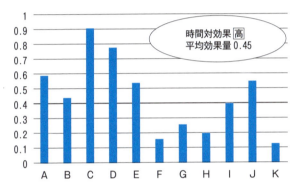

その結果、実践のやり方によって、効果の差はありますが、全体的に学力や学習の意欲を高める効果がありました。また、すべての学年において、効果があるということもわかりました。しかし、単にグループを組ませただけの取組みは効果が低く、グループの目標を適切に設定したり、個人に役割や責任をもたせたりすることで高い効果を発揮します。心配される児童・生徒には、自分の考えを表現させる場を位置づけることが有効です。協同学習は、大きな予算が必要となるものではないため、時間対効果の高い指導方法であると言えます。

ステップ4

● 4つの判断材料で意思決定！

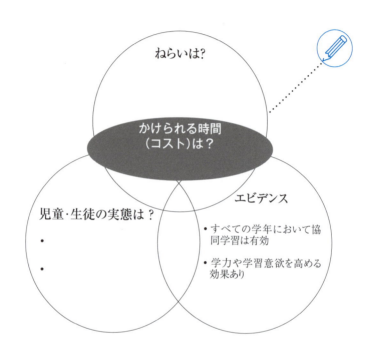

- ねらいは？
- かけられる時間（コスト）は？
- 児童・生徒の実態は？
- エビデンス
  - すべての学年において協同学習は有効
  - 学力や学習意欲を高める効果あり

見直した結果、どうしますか？

● まとめの解説

　単にグループさえ組めば協同学習かと言えばそうではありません。どのようなテーマで、どのようにグループ活動を取り入れるのかによって効果が異なります。そのため、単元指導計画や授業の指導展開で、具体的な協同学習の技法をどう活用していくのかを考えることが教師の腕の見せ所です。具体的な技法については、日本協同教育学会の『先生のためのアイディアブック』（2005）が参考になります。

●参考文献

- EEF Collaborative learning
  https://educationendowmentfoundation.org.uk/evidence-summaries/teaching-learning-toolkit/collaborative-learning/
- ジョージ・ジェイコブズ／マイケル・パワー／ロー・ワン・イン『先生のためのアイディアブック―協同学習の基本原則とテクニック―』日本協同教育学会（2005）

	文献	効果量
A	Capar, G., & Tarim, K.,(2015)	0.59
B	Igel, C. C.,(2010)	0.44
C	Johnson, D.W., Johnson, R. T., & Stanne, M. B.,(2000)	0.91
D	Johnson, D.W., Maruyama, G., Johnson, R., & Nelson, D.,(1981)	0.78
E	Kyndt, E., Raes, E., Lismont, B., Timmers, F., Dochy, F., & Cascallar, E.,(2013)	0.54
F	Nunnery, J. A., Chappell, S., & Arnold, P.,(2013)	0.16
G	Othman, N.,(1996)	0.26
H	Puzio, K., & Colby, G. T.,(2013)	0.2
I	Romero C.C.,(2009)	0.4
J	Roseth C.J., Johnson D.W., Johnson R.T.,(2008)	0.55
K	Stoner, D. A.,(2004)	0.13

テーマ 2 時間がないなか、振り返りをする意義はあるのか？

　ある日の午後。近隣の小学校で授業公開があったので、英語教育に興味のある伊藤先生は小学校外国語活動・外国語科の授業を見に行きました。この学校は2年前から小学校外国語の研究指定を受けて、特に授業最後の「振り返り」に力を入れているようです。
　さて、どんな振り返り活動をするのでしょうか…？

公開授業の終盤

教師 「OK, that's all for today!」
伊藤 「(おっ、もう終わりの時間か。ん? でもまだ5分時間が余っているぞ……。何をするんだろう?)」
教師 「Please write today's comment!」
児童たち 「カリカリカリカリ……」(一生懸命書き込む)
伊藤 「(comment……? どれどれ? これはすごいぞ……! 今日の授業で勉強した内容をびっしり書き込んでいる!)」
教師 「はい、それではいつもどおり振り返りを発表してもらいましょう! 発表したい人!」
児童たち 「はーい!」
教師 「では、Aさん!」
児童A 「はい。今日は、たくさんの友達に好きな学校行事を聞いて回りました。私は12人の友達に質問しましたが、特にBさんの英語がとても難しかったです」
教師 「そうなんだ! じゃあ、みんなでBさんに質問してみましょう! せーの!」
児童たち 「What event do you like?」(大声で)
児童B 「I like closing ceremony」
児童たち 「……??」
教師 「クロージング……クローズ……ってどんな感じ?」
児童たち 「……しまる? おわり?」

教師　「そう！ じゃあ、セレモニーは？」
児童たち　「なんかきちっとした感じがする……」
教師　「そうだね！ じゃあ学期の【終わり】で、【きちっとした】時間ってなぁに？」
児童たち　「あっ！ わかった！ 終業式だ！」
教師　「That's right！ 終業式のことを closing ceremony って言うんだね！」
児童A　「……でも……なんで？」
教師　「なんでだろう？ みんなで聞いてみましょう！ せーの！」
児童たち　「Why？」（大きな声で）
児童B　「I like summer vacation, winter vacation and spring vacation. It's exciting」
教師　「なるほど、終業式の後には必ず休みがあるよね。（チャイムの音）では、このあたりで授業を終わりましょう」

 その日の帰り道

伊藤　「すごい！ すごいぞ！ 児童たちが書いた授業の振り返りを使って、最後にもうひとつ活動を成り立たせていた。他者理解も進むし、新しい語彙も習得できた。きっとみんな終業式という英単語を忘れないだろうなぁ……」（ふと、立ち止まる）
伊藤　「でも、毎時間振り返りを書いていると授業内容を教える時間は当然減る……。そこまでして振り返りを行う必要はあるのかな……？」

さあ、どうする!?

　小学校の外国語活動・外国語科の授業研究に参加して、「振り返り」の大切さに気づいた伊藤先生。

　でも、時間との兼ね合いもあるし、そもそもタイトな授業時間を削ってまで毎時間実施する必要があるのか、時間対効果が気になっている様子……。

　あなたならどうしますか？

1…早速、取り入れてみる
2…時間に余裕のあるときだけ取り入れる
3…無理だと思うのでやらない
4…その他

● いまのところの回答…

● その回答を選んだ理由…

ステップ1

● SICOを使った問題の整理

S	Student	（例）外国語の授業を受ける小学校高学年に
I	Intervention	振り返りを書かせるのは
C	Comparison	他の指導と比べて
O	Outcome	より効果的か

> ● **ワンポイントアドバイス**
>
> "振り返り"と一言でいっても、書いて自分の学びを振り返る、仲間同士良かったことを伝え合う、教師から価値づけるなど、さまざまな方法があります。どんな振り返りが、最も効果があるのでしょうか。SICOのIの部分には、どのように振り返りをさせるのかを具体的に記述できるとよいでしょう。多忙を極める学校現場ではより効果的かどうかという視点も重要です。

ステップ2・3

●「振り返り」にまつわるエビデンスを探す

振り返りに関して、☆☆☆のエビデンスがありました。

振り返りは、「具体的」「正確に」「明確に」伝えることが大事です。特に、児童・生徒が難しいと感じている課題に対して振り返りを行うことで、児童・生徒の自主的な行動を促します。授業の短い時間の中で実施することが可能で、特別な教材・教具を必要としないため、振り返りの時間対効果は高いと言えます。

よりよい振り返りの実践を行うためには、どのような振り返りをさせるのかを考える教員研修が必要です。さらに、学校全体として、組織的に振り返りに取り組むことで学習効果をより高めることができます。特に、英語や算数においては、その効果を発揮しやすいことが明らかになっています。

ただし、振り返りは、効果が表れるのに長い時間がかかる実践であるため、継続的な指導が必要になります。1時間の授業や1回の振り返り活動だけでなく、指導のねらいに即した振り返りを継続的に行うことができているかどうかが効果の違いを生み出します。

ステップ4

● 4つの判断材料で意思決定！

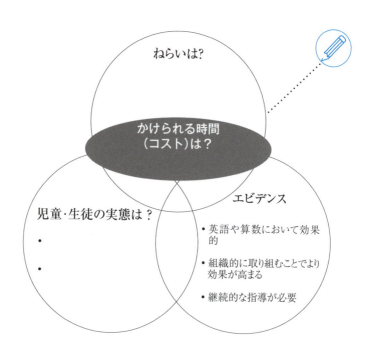

ねらいは？

かけられる時間（コスト）は？

児童・生徒の実態は？
-
-

エビデンス
- 英語や算数において効果的
- 組織的に取り組むことでより効果が高まる
- 継続的な指導が必要

> 見直した結果、どうしますか？

● まとめの解説

　振り返りは、コスト（労力や予算）がかからず、時間対効果の高い実践です。まず、いま自分が取り組んでいる振り返りの実践がどのようなものか見直してみましょう。児童・生徒の学びを、具体的に、継続的に、組織的に振り返ることができているのかがポイントです。

●参考文献
・Education Endowment Foundation feedback
https://educationendowmentfoundation.org.uk/pdf/generate/?u=https://educationendowmentfoundation.org.uk/pdf/toolkit/?id=131&t=Teaching%20and%20Learning%20Toolkit&e=131&s=
・Graham, S., Hebert, M., & Harris, K. R.（2015）Formative Assessment and Writing open_in_new,The Elementary School Journal, 115(4), 523-547

テーマ
③ 伸びが見えにくい読解力。
音読はその特効薬になる!?

　教師は何といっても「勉強を教えること」のプロ。保護者もそう期待していますし、どんな勉強方法があるのかもしっかりと理解しておきたいものです。

　ある日の放課後。テスト採点中の伊藤先生のもとへ電話がかかってきました。

　どうやら、担任している子どもの保護者から、勉強方法に関する相談のようです。この保護者は、子どもの成績が良くないことを心配し、あるトレーニングを自宅で自主的に行って、文章を読む練習をしているようです。

放課後、保護者からの電話を受けた伊藤先生

伊藤　「お母さん、どうされました？」
保護者　「先生、最近うちの子の成績、あまりよくないですよね？」
伊藤　「はぁ……（そういえば前回の国語のテスト60点くらいしかなかったな……）」
保護者　「図工や体育などは大好きで、得意に思っているようですが、算数の文章題や国語の読み取りになると一気にやる気がなくなるみたいで……」
伊藤　「そうですね。そのあたりを苦手に感じている子は多いですね」
保護者　「はい、うちの子もそうみたいです。昔から本をたくさん読むようなタイプではないので、文章を読むことを苦手に感じているのかもしれません」
伊藤　「なるほど……」
保護者　「そこで、私もいろいろと調べてみたんです」
伊藤　「??」
保護者　「読解力を高めるトレーニングとして、"音読"がいいそうですね」
伊藤　「音読？」
保護者　「はい、地味で大変ですが、やっぱりたくさん声に出して読むことで頭が活性化されるそうで」
伊藤　「ええ、私もそう思い、国語の物語などをたまに音読の

宿題に出していますが……」

保護者　「はい、ありがたいです。それらに加えて、他教科の教科書や下の学年の国語の教科書を声に出して読むようにしています」

伊藤　「……（そうだったんだ）」

保護者　「実は、そういう学習をこの1ケ月続けてきたのですが、あまり成績の伸びを感じられなくて」

伊藤　「……（確かに）」

保護者　「音読って、うまくなったことを実感しにくいからか、モチベーションを維持するのが大変なんです。励ましながらやっているつもりなんですが……」

伊藤　「確かに、算数の問題だったら、正解・不正解があって、解けた！とか実感できるから楽しいですよね」

保護者　「そうなんです。でも音読にはそれがないので。それで先生、本当に音読を続ければ読解力が伸びるのでしょうか……？」

伊藤　「……う〜ん（大学の授業で音読は学力向上に有効っていうのは聞いたことあるけど……本当なのかな？）」

保護者　「どうなんですか？　先生！　音読で読解力は伸びるんですか!?」

さあ、どうする!?

　小学生の宿題に「音読」を出している学校・学級も多いと思います。

　そこまで多くの先生方が宿題にするからには、きっと学力向上の効果があるはず。

　でも、どのくらいのエビデンスがあるのか伊藤先生も理解していない様子です。

　保護者からの切羽つまった質問に、あなたならどう答えますか？

1…「音読がベストなはずです！」
2…「他にいい方法があるか調べてみます！」
3…「すみません、わかりません！」
4…その他

● いまのところの回答…

● その回答を選んだ理由…

ステップ1

● SICOを使った問題の整理

S	Student	(例)担任する学級の児童が
I	Intervention	音読をしているのだが
C	Comparison	他のやり方で
O	Outcome	効果的なものはないか

● ワンポイントアドバイス

　文章を読む力を読解力と言います。読解力を高めるために、音読に取り組む学級や学校が多いようです。特に、小学校では毎日の宿題として音読をさせることが多いようです。一方、中学校では音読が少なくなる傾向にあります。音読の取組みは読解力につながることが予想されますが、果たして効果があるのでしょうか。SICOのCの部分では、音読以外の方法と比較することで自分の実践の見直しを図ることができます。

ステップ2・3

●「音読」にまつわるエビデンスを探す

音読が読解力を高めるのかという直接の☆☆☆のエビデンスはありませんでした。ただし、読解力を高める指導方法については、☆☆☆のエビデンスがありました。読解力を高めるためには、時間対効果の高い音読以外の指導方法があります。

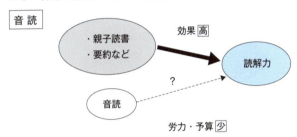

読解力を高める方法として、保護者と一緒に読書をするという親子読書や、キーワードや図で長文を要約する学習があげられます。ただし、音読の効果がないかといえばそう決めつけるのも誤りです。確かに音読に関するエビデンスはありませんでしたが、音読にもさまざまなやり方があります。例えば、音読の際に、保護者と読んだ本の内容について会話をするなど、音読をきっかけに国語の学びを広げていくと、読解力をさらに高めることができると考えられます。読解力を高めるための万能薬はありませんので、いろいろな音読のやり方を学んでいくことも大事です。大きい労力や予算が必要な取組みではありませんので、工夫した音読の在り方を考えることで、読解力を高められる可能性があります。

ステップ4

● 4つの判断材料で意思決定！

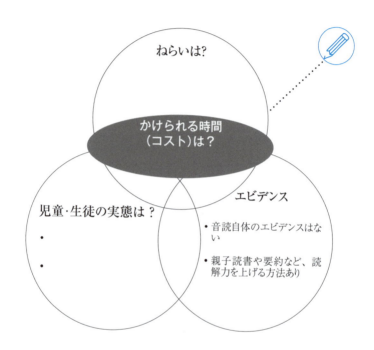

- ねらいは？
- かけられる時間（コスト）は？
- 児童・生徒の実態は？
- エビデンス
  - 音読自体のエビデンスはない
  - 親子読書や要約など、読解力を上げる方法あり

見直した結果、どうしますか？

●まとめの解説

音読さえやっていれば、すぐにだれでも読解力が高まるということではありません。毎日、続けて行う取組みであれば、マンネリ化してしまうことも考えられます。読む題材や保護者と児童・生徒との関わりの様子等、実態を考慮し、音読のやり方を工夫していくことで、その効果をより高めていくことができるかもしれません。

●参考文献

・龍谷大学　キャンベル共同計画　親の関与と子供の学力に関するSR
・EEF Reading comprehension strategies
https://educationendowmentfoundation.org.uk/pdf/generate/?u=https://educationendowmentfoundation.org.uk/pdf/toolkit/?id=160&t=Teaching%20and%20Learning%20Toolkit&e=160&s=
・WWC
Foundational Skills to Support Reading for Understanding in Kindergarten Through 3rd Grade
Practice Guide Summary

| テーマ ④ | 意見真っ二つ！？
宿題は学力向上を促すか？ |

　1学期の保護者会にて、ある保護者から「宿題が多すぎるのでなんとかしてほしい」とクレームを受けた伊藤先生。

　一方で、違う保護者からは「宿題の量は、多すぎでもなく少なすぎでもない」と言われました。

　全保護者にアンケートをとり宿題の量を聞いたところ、「多すぎる」「ちょうどいい」でそれぞれ同じ程度の数。

　宿題は家庭学習の習慣づくりには欠かせないけど……。

　さぁ、2学期はどうする!?

保護者会終了後

伊藤 「ああ困ったなあ、2学期からどうしたら……」
七瀬 「伊藤先生も言われたんですか!? うちのクラスにもそう言ってきた保護者がいましたよ」
伊藤 「それで、どうしたんですか?」
七瀬 「少し減らしてみました。もっとたくさんの宿題を出している学校もあるでしょうけれど、正直なところチェックするのも大変だし……」

 その夜、私立中学校に勤める友人の柏木に電話

伊藤 「もしもし、柏木? いま、ちょっと話いい?」
柏木 「いいよ、どうした暗い声して」
伊藤 「中学校では宿題ってどうしてる? 学力向上とか家庭学習の習慣づくりには欠かせないよな」
柏木 「あ〜、宿題? うちの学校は、一切出さないよ」
伊藤 「え!?」
柏木 「そもそも宿題ってやる意味あるのか?」
伊藤 「どうゆうこと!?」
柏木 「クラスにいる生徒は十人十色。学力も十人十色だ」
伊藤 「うん」
柏木 「そんな十人十色の学力をした生徒たちに、全く同じ宿

題を出すことになんの意味がある?」

伊藤 「……」

柏木 「だってそうだろ? 読書で学力が伸びる生徒がいれば、書き取りで伸びる生徒もいる」

伊藤 「まぁ、そうだけど……」

柏木 「うちはその方針で年間を通しているよ。そして学力低下も見られないし、むしろ生徒たちは自分で自分の勉強をして、興味のある分野はすごく伸びている」

伊藤 「……」

柏木 「さらに、先生たちも『宿題は出せない』というプレッシャーがあるから、授業で勝負! という意識が高い」

伊藤 「確かに、それが本来の姿だよな……(でもそれ、うちの学校で可能なのかな……)」

 柏木に相談して、一層もやもやが増す伊藤先生

教頭 「伊藤先生、七瀬先生」

伊藤・七瀬 「はい」

教頭 「昨日お話しされていた宿題の件ですが……。いままでどおりの量の宿題を出してくださいね」

伊藤・七瀬 「!?」

教頭 「宿題は家庭学習の習慣づくりの根幹です。それをなくしてしまっては、学力が低下するに決まっています」

伊藤 「はい……わかりました……(またクレームくるよ……)」

さあ、どうする!?

事例のような状況って、多かれ少なかれ、学校現場ではよくある話ではないでしょうか。柏木先生の学校のように子どもの自主性・主体性に任せて、思い切って「宿題を課さない」とするのも一手かもしれませんが、そこまで子どもに任せてしまっていいのか、正直なところ不安です。

かといって、学力向上や家庭学習の習慣づくりのために宿題をたくさん課すのも、本当に一人ひとりの児童・生徒のためになっているかと問われたら、疑問が残ります。

あなたが伊藤先生なら、どうしますか？

1…宿題を減らしてクレームを避ける
2…これまでどおりの量を出す
3…宿題を思い切ってなくす
4…その他

● いまのところの回答…

● その回答を選んだ理由…

ステップ1

● SICOを使った問題の整理

S	Student	(例)自分の学級の生徒に
I	Intervention	宿題をいままでどおり出すのと
C	Comparison	宿題を減らすのとでは
O	Outcome	どちらが学力が上がるのか

● ワンポイントアドバイス

　宿題は、さまざまに議論されるテーマです。大切なのは、目の前の児童・生徒の実態と宿題のやり方です。目の前の児童・生徒はどのような様子（S）で宿題をしていますか。CとOの欄は、どんなことが考えられるでしょうか。宿題の量を考えるより以前に、目の前の児童・生徒の姿をイメージして書き込んでみましょう。

ステップ2・3

●「宿題」にまつわるエビデンスを探す

宿題に関して、☆☆☆のエビデンスと、文科省委託研究「平成25年度全国学力・学習状況調査の結果を活用した学力に影響を与える要因分析に関する調査研究」が参考になります。

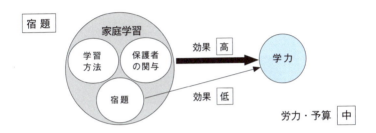

その結果、宿題を出すことで学力が大きく向上すると言える効果はありませんでした。むしろ家庭環境の違いなど、宿題以外の影響が学力に結びついていると言えます。ただし、宿題をやらないよりは、やった方が学力は高くなる傾向にあります。多すぎる宿題は、学習への意欲が下がる傾向にもあるため、1日1〜2時間の時間設定が適切です。さらに、小学校よりも中学校の方が宿題の効果は高く、宿題の効果を高めるためには、保護者の関与が必要であることがわかりました。

基本的には、宿題をする児童・生徒ほど高い学力であること、宿題の量よりも学習方法や保護者の関与の方が学力に与える影響が大きいことがわかりました。予算やコストは、宿題の教材（ドリルなど）や提出のチェックなどです。

ステップ4

● 4つの判断材料で意思決定！

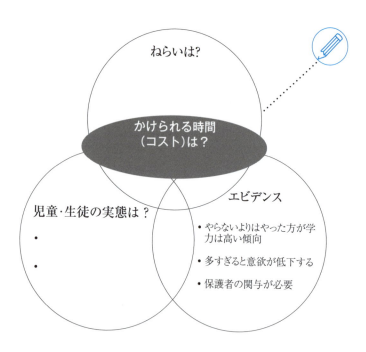

- ねらいは?
- かけられる時間（コスト）は？
- 児童・生徒の実態は？
- エビデンス
  - やらないよりはやった方が学力は高い傾向
  - 多すぎると意欲が低下する
  - 保護者の関与が必要

見直した結果、どうしますか？

● まとめの解説

　宿題は、「風習だから」といって、ずっと同じやり方を続けるのではなく、目の前の児童の実態や、目的・ねらいを明確にして柔軟に発展させるべきです。そして、その効果をきちんと検証することが重要です。もちろん、宿題は学校だけでなく、家庭にも大きく関わるテーマですので、これまでの指導の流れや、同僚・保護者の合意を図った上で、意思決定していくべきでしょう。

●参考文献
- EEF homework
  https://educationendowmentfoundation.org.uk/evidence-summaries/teaching-learning-toolkit/homework-secondary/
- Cooper, H., Robinson, J.C., Patall, E.A.（Abstract arrow_downward）Does Homework Improve Academic Achievement? A Synthesis of Research 1987-2003 open_in_new Review of Educational Research, 76. 1 pp.1-62（2006）
- Farrow, S., Tymms, P., & Henderson, B.（Abstract arrow_downward）Homework and attainment in primary schools open_in_new British Educational Research Journal, 25(3), 323-341（1999）
- 文部科学省委託研究「平成25年度全国学力・学習状況調査（きめ細かい調査）の結果を活用した学力に影響を与える要因分析に関する調査研究」

> テーマ
>
> 新しい指導法には飛びつくな！？

　今回は、伊藤先生の学生時代の友人、柏木先生（私立中学校の英語科教員）が主人公。

　夏休みも間近に迫ったある日の放課後。中学1年生の英語の授業を担当する柏木先生のもとに、ある生徒がやってきます。この生徒は、英語の授業が始まった4月は成績が良かったようですが、教科書が進むにつれて徐々に授業がわからなくなってきたようです。

　どうも、英単語の覚え方について悩みがあるようです。

放課後の職員室

生徒 「先生、ちょっといいですか? 最近、英語の授業がよくわかりません……」

柏木 「どういうところがわからないんだ?」

生徒 「小学校のときは英語をしゃべったり聞いたりで、テストもなかったから楽しくやっていました。でも、中学校に入って、英語の単語を覚えるのが難しいんです……」

柏木 「う〜ん。英単語はどうしても覚えないといけないからなあ」

生徒 「単語ってどのくらい覚えないといけないんですか?」

柏木 「中学校で1800個だったかな。結構、多いんだよ」

生徒 「1800も!? そんなに覚えられる気がしません……」

柏木 「まぁ、それには『好き』のlikeとか『話す』のspeakとか簡単な単語も入っているよ?」

生徒 「先生にとってはlikeとかspeakを覚えるのは簡単かもしれませんが、ぼくにとっては難しいんです……」

柏木 「……」

生徒 「だって、なんでlikeって『リケ』って読まないんですか? そのまま読むと『リケ』でしょ?」

柏木 「まぁ、そうなんだが……」

生徒 「それに、speakだってそうですよ。なんで『スペアク』じゃないんですか? そのまま読んだら、『スペアク』でしょう? 英語、もうわけわかりません」

柏木　「……」

生徒　「先生はこれはこう読むんだから覚えろ！　みたいに言うけど、ぼくは『なぜそう読むのか』を知りたいんです。読み方がわからない単語を1800個も3年間で覚えていくなんて、ぼくにはできそうにありません……」

柏木　「そんなに悩んでいたのか……。わかった、ちょっと先生も考えてみるよ」

　もともと英語が得意だった柏木先生。学生時代、英単語を覚える作業は苦痛ではなかったので、生徒がここまで悩んでいることは想像すらできていませんでした。そこで、週末本屋に行って単語の覚え方や指導方法について書かれている本を調べてみました。

 書店の教育書コーナー

柏木　「単語の教え方といってもいろいろあるんだなあ」

柏木　「ん？『フォニックス』？　確かフォニックスって、文字と音のつながりのことだったよな……大学で勉強したぞ」

柏木　「なになに……、マジックeの法則を覚えればlikeやKateなどの単語が読める。なるほど。二重母音は最初の文字をアルファベット読みすれば読める……。なるほど！　法則がわかっていればspeakも読めるし、meat・pie・meet・mailなど読める単語が一気に増えるぞ！　これを教えればいいのか！」

柏木　「……でもこれって、本当に授業に導入していいのだろうか？　これまでフォニックスを教えた経験もないし……」

さあ、どうする!?

　新しい授業方法や内容を導入するって、勇気がいりますよね。いままでに教えた経験のない内容ならなおさらです。

　今回の事例は、欧米ではごくごく一般的に教えられている「フォニックス」という英語の教育手法に出会った柏木先生のお話です。

　あなたが柏木先生ならどうしますか？

1…早速、「フォニックス」を取り入れる
2…「フォニックス」についてのエビデンスを探す
3…よくわからないから手を出さない
4…その他

● いまのところの回答…

● その回答を選んだ理由…

ステップ1

● SICOを使った問題の整理

S	Student	(例)初めてフォニックスを学習する児童・生徒に
I	Intervention	フォニックスを学習させると
C	Comparison	しない場合と比べて
O	Outcome	どんな効果があるか

● ワンポイントアドバイス

　初めての指導方法はどのような効果があるのかわからず、実践することに不安を感じることが多いものです。そんなときは、取り組もうと考えている新しい指導方法のエビデンスを探すことで、その不安を解消することができます。また、これまでの自分の指導方法を見直すきっかけにもなります。たとえ、自分の知らない指導方法であっても、新しいから取り組まない、もしくは自分がよくわからないからやりたくないと言ってしまうのではなく、その効果（Oの部分）を自分なりに予想してみることが大切です。

ステップ2・3

● 「フォニックス」にまつわるエビデンスを探す

フォニックスに関して、☆☆☆のエビデンスがありました。

その結果、フォニックスは、アルファベットのみを丁寧に教える指導よりも平均的に高く語彙力を高める効果があることがわかりました。

フォニックスの効果は、それぞれの児童・生徒の語彙数、言葉の理解力によって異なり、特に4～7歳の児童や、これまでフォニックスを学習しておらず、英語学習に苦しんでいる生徒には読解力や語彙力を高めることができます。読書をはじめとする児童・生徒のよりよい言語環境を整えることとあわせてフォニックスを指導していくとよいでしょう。

ただし、フォニックスを指導するためには、指導する教員の研修が必要です。英語が堪能ではない教師でも、フォニックスの指導の仕方を教員研修で学ぶことができれば、さらに高い効果を期待することができます。

ステップ4

● 4つの判断材料で意思決定！

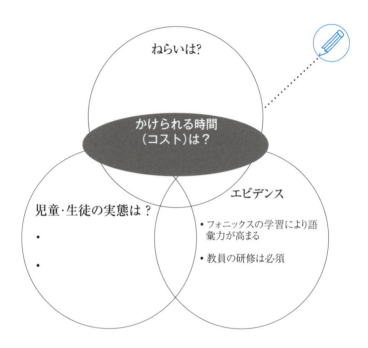

- ねらいは?
- かけられる時間（コスト)は？
- 児童・生徒の実態は？
- エビデンス
  - フォニックスの学習により語彙力が高まる
  - 教員の研修は必須

見直した結果、どうしますか？

● まとめの解説

　フォニックスのようにその効果が明らかになっているものについては、自分がわからないからという理由だけで「取り組まない」という意思決定をすることは安易なように思われます。一方、目新しい指導方法ばかり取り組むことにも、慎重になるべきです。指導方法についてよく学び、目の前の生徒の実態に合わせてエビデンスをよりよく使うことが望ましい教師の態度と言えます。

● 参考文献

- EEF phonics
  https://educationendowmentfoundation.org.uk/evidence-summaries/teaching-learning-toolkit/phonics/
- Galuschka K, Ise E, Krick K, Schulte-Körne G（Abstract a）rrow_downward Effectiveness of Treatment Approaches for Children and Adolescents with Reading Disabilities: A Meta-Analysis of Randomized Controlled Trials open_in_new PLoS ONE 9（2）: e89900（2014）
- McArthur G, Eve PM, Jones K, Banales E, Kohnen S, Anandakumar T, Larsen L, Marinus E, Wang HC, Castles A.（Abstract a）rrow_downward Phonics training for English-speaking poor readers open_in_new Cochrane Database of Systematic Reviews, Issue 12. Art. No.: CD009115（2012）
- Slavin, R. E., Lake, C., Davis, S., & Madden, N. A.（Abstract arrow_downward）Effective programs for struggling readers: A best-evidence synthesis open_in_new Educational Research Review, 6（1）, 1-26（2011）

テーマ 6 増えてきたICT機器の「時間対効果」はいかに？

　夏季休業中、近くの学校で全国規模のICTに関する研究発表会があり、参加してきた伊藤先生。

　そこでは、以前から気になっていた「ICTの授業での活用」について、全国の優秀な実践に関する発表を聞くことができました。

　2学期から授業で積極的に使っていこうと意気込んでいますが……。

研究発表会からの帰り

伊藤　「ようし！ これからはICTの活用だ！ 2学期からは電子黒板やタブレットを使って、かっこよく華麗に授業するぞ！」

 2学期初日、視聴覚室の前にて

伊藤　「……（キョロキョロ）」
男子　「伊藤先生、どうしたんですか？」
伊藤　「電子黒板を探していたんだよ。あったあった！ ちょっとそこの君たち！ 3階に運ぶの手伝ってくれないか？」
男子たち　「え～っ、次、理科室なんですけど……」
伊藤　「すぐ終わるから、頼むよ！」
男子たち　「……わかりましたよお」
（4人がかりで3階の教室まで運んだものの、いざ授業を始めようと思ったら、使い方がわからない伊藤先生。ざわつき始める教室内）
女子　「ちょっと！ 男子！ 授業中でしょ！ しゃべらないで」
男子　「まだ授業始まってないじゃん！ 伊藤先生、説明書読んでるよ!?」
女子　「先生ー！ まだですかあ!?」
伊藤　「ちょちょ、ちょっと待ってくれ……電源はどこだ？」
女子　「そっからですか!?」

伊藤　「だって使うの初めてなんだよ……電源ボタンはどこだどこだ……あっ！ あったこれだ！（電源を入れる）」

電子黒板　「ヴーン……ヴーン…………………」

伊藤　「ん？ 立ち上がるのも時間がかかるぞ……？」

女子　「もう、いつもどおりの授業でいいです！」

（電子黒板は大きくて重いし、エレベーターのない校舎内で授業に使うことは現実的ではないことに気づいた伊藤先生。そこで今度は、タブレットを活用し、調べ物をしたり、スライドを作ったりする授業をしようと目論む）

伊藤　「あれ〜?? おかしいなあ（職員室内を探し回る）」

七瀬　「どうしました？ 伊藤先生」

伊藤　「いや、今度の総合的な学習の時間にタブレットを使わせようと思いましてね。タブレットってどこにありましたっけ？」

七瀬　「それならたしか教頭先生が管理してますよ」

伊藤　「あ！ そうだった！ ありがとうございます！」

伊藤　「教頭先生！ タブレット使ってもいいですか？」

教頭　「たぶれっとですね、ここにありますよ、たぶれっと（小さめの段ボールを持ってくる）」

伊藤　「……（ん？ なんだか嫌な予感）」

教頭　「どうぞ（段ボールからタブレット５台を出す）」

伊藤　「えー!? まさか、これだけですか!?」

教頭　「そうですよ？」

伊藤　「……（たったの５台……クラスは35人……これだけの台数でどうしろと！）」

第1章 学習指導編

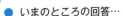
さあ、どうする！？

　これからのICTを活用した教育には欠かせないタブレット型PC。しかし、所有台数が10台以上ある自治体の割合は、小・中学校では２割以下、高校でも２割強となっています。また、電子黒板もクラス全体に提示する必要性から、かなり大型なものであり、複数の教室で使うのは大変な労力がかかる上、機能を十分に使える教員は限られています。

　ICTをうまく活用すれば、一定の教育効果を得られそうですが、その使い方や予算から、実践に結びつけるのは難しいかも……さて、あなたならどうしますか？

１…５台だけでも駆使して使わせる
２…ICTのスペシャリストを目指す
３…苦手なのでやめておく
４…その他

● いまのところの回答…

● その回答を選んだ理由…

ステップ1

● SICOを使った問題の整理

S	Student	(例)うちの学校では
I	Intervention	ICT機器を使った授業と
C	Comparison	ICT機器を使わない授業では
O	Outcome	どちらが児童・生徒の学力が高まるのか

● ワンポイントアドバイス

　ICT機器が各学校に整備されるようになってきました。ICT機器の整備状況は各市町村、各校によって異なるため、ICT機器の効果を知ることに加え、学校・学級のICT機器の整備状況、そして、それを使いこなす教師にも着目して実践すべきです。

ステップ2・3

●「ICT機器」にまつわるエビデンスを探す

ICT機器について、☆☆☆のエビデンスがありました。しかし、時間対効果は良いものとは言えません。

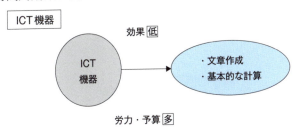

単にICT機器を導入したからといって児童・生徒の学力が大きく向上するとは言い切れません。ICT機器の活用は、書く・計算するといった基礎・基本的な学力の向上の効果はあります。しかし、ICT機器の導入は非常にコストがかかります。ICT機器の購入に加え、その基本的な使い方から、授業でどのように活用できるかを考える教員研修やICT支援（員）などが必要な場合が多いです。具体的には、児童・生徒一人あたりのICT機器に4万円前後と、教員研修や支援のため、1学級（担任）あたり4500円ほどの予算が必要であるという試算が出されています。そのため、他の教育方法と比較すると、コスト（予算や労力）のわりに、学力向上に限って言えば、その時間対効果は高くはないと言えます。

ステップ4

● 4つの判断材料で意思決定！

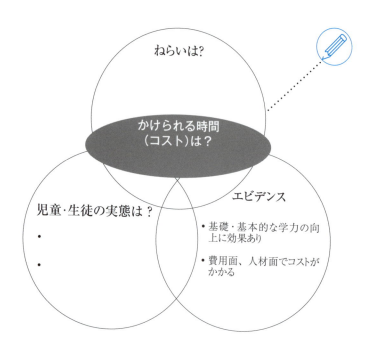

- ねらいは？
- かけられる時間（コスト）は？
- 児童・生徒の実態は？
  - ・
  - ・
- エビデンス
  - ・基礎・基本的な学力の向上に効果あり
  - ・費用面、人材面でコストがかかる

> 見直した結果、どうしますか？

● まとめの解説

　ICT機器の導入それ自体が大きな学力向上につながるわけではありません。自分や同僚がICT機器をどれだけ使いこなせるか等も考え、実践を見直す必要があります。ただし、これは、学力向上をねらいとした結果ですので、他のねらいがあったり、ICT機器を使わなければならない現状であったりすれば、柔軟に対応すべきでしょう。学校現場は往々にしてそういうことがあるものです。

● 参考文献

・文部科学省「情報通信技術を活用した教育振興事業〔ICTを活用した課題解決型教育の推進事業(ICTを活用した学習成果の把握・評価支援)〕」より
http://www.mext.go.jp/b_menu/shingi/chousa/shougai/037/shiryo/__icsFiles/afieldfile/2017/04/18/1384303_03.pdf

・Education Endowment Foundation「Digital technology」
https://educationendowmentfoundation.org.uk/evidence-summaries/teaching-learning-toolkit/digital-technology/

テーマ 7 夏の課外授業をすれば学力は上がる？

　柏木先生が勤務する私立中学校の職員会議。学校でも"働き方改革"を推進しようという動きが進むなか、これまで疑問をもっていた柏木先生が発言しました。

　「例年行っているから」という理由で、授業日でないにもかかわらず合計5日間実施されている「夏休み中の課外授業」について意見があるようです。

1学期の職員会議

主任　「……というわけで、今年の夏休みも全校を挙げて夏の課外に取り組みたいと思います。終業式後の3日間、始業式前の2日間、全員登校し、テスト対策を行います」

柏木　「……」

主任　「学校の働き方改革が叫ばれているなか、授業日ではない日に学校に来て生徒に授業を行うことに抵抗のある先生がいらっしゃるのも理解できます。しかし、なかなか家庭では学習に取り組まない生徒がいるのも事実です。学力向上のためにはやはり課外は必要……」

柏木　「ちょっと、意見をいいですか？ いま、先生は、"家庭では学習に取り組まない生徒がいるのも事実"とおっしゃいましたが、それはどのくらいの割合なのでしょうか？」

主任　「……（何を言い始めるのかしらこの先生……）」

柏木　「また、長期休業中くらいは、できるだけ学校という枠の中から外へ出し、生徒たち自身の興味のあることに存分に没頭させる時間を確保することも、教師の役目かと思います」

主任　「……（この学校では十数年欠かさなかった、夏の課外なのに……）」

柏木　「先生方の貴重な時間を使うことになります。夏の課外をやったら、どのくらいの学力向上が認められるのか、そのあたりを明らかにすべきではないでしょうか」

主任 「いえ、夏の課外の学力向上は明らかです。夏休み明けのテストの過去問を各教科で取り組んでもらいます」

柏木 「いや、その方法よりも、他の方法のほうが効率的だという生徒もいるでしょう、と言いたいのです」

主任 「……（管理職……助けて……）」

柏木 「私もそんなデータを取ったことがないので、はっきりとした数字を示すことはできません。しかし、教頭先生、校長先生、課外をやったときにどのくらいの学力が上がるのか明確なデータも示されていません。データがない以上、課外を精選または縮小してはいかがでしょうか」

教頭 「……（どうすんの、これ）」校長の顔をチラ。

校長 「……（おれ？）」

教頭 「……そうですねえ、柏木先生の言いたいこともわかります。校長先生、いかがですか？」

校長 「……（おれかよ、やっぱり）」

校長 「はい、私も柏木先生の言いたいことはわかります。ただ、夏の課外をやった場合とやっていない場合を比較したことがない以上、やらないわけにはいかないでしょう」

柏木 「……（なんで!?）」

校長 「私たちの仕事は生徒たちの学力を高めることです。明確なデータはありませんが、課外を減らすと学力が下がる恐れがある。これまでどおり課外は行うべきですな！」

柏木 「……（まじかよ……）」

さあ、どうする!?

　授業日以外の長期休業中に学校に来て、先生が授業をする……。そんな光景は、もはや日常になってしまい、そのこと自体を疑う先生が少ないのが事実かもしれません。

　しかし、一度立ち止まって課外授業を行わないという視点から教育活動を考え直してみるのも大切かもしれません。教師が休みを削ってまで提供する時間とその効果とは？ 今回は、本書のコンセプトど真ん中の事例です！あなたならどうしますか？

1…仕方なく校長の言うことに従う
2…断固として課外縮小を主張する
3…他に有効な方法がないか調べてみる
4…その他

● いまのところの回答…

● その回答を選んだ理由…

ステップ1

● SICO を使った問題の整理

S	Student	（例）うちの学校で
I	Intervention	夏休みの課外授業をすると
C	Comparison	しない場合と比べて
O	Outcome	学力を高めることができるのか

> ● **ワンポイントアドバイス**
>
> 特に課外授業で、学力を高めることができるのかが気になる点だと思います。夏休みなどの長期休業中の課外授業は、教師にとっても、（場合によっては）児童・生徒にとっても、負担になることがあります。どんな効果、どんな負担があるのかを明らかにした上で、総合的に判断する必要があります。比べる（C）にも、メリット、デメリット両方を検討してみましょう。

ステップ2・3

● 「課外授業」にまつわるエビデンスを探す

　課外授業の明確なエビデンスはありませんでしたが、課外授業と類似のサマースクールと学力向上については、☆☆☆のエビデンスがありました。

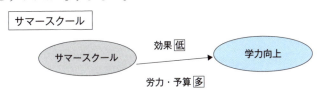

　その結果、サマースクールが学力向上に大きく効果を示すエビデンスはありませんでした。効果がないわけではありませんが、一般的な授業を行う効果と比較し、少し下回る程度の効果です。通常の授業以上の学力向上はあまり期待できないと言えるでしょう。ただし、教育環境の十分でない家庭の児童・生徒にとっては、少なくない学力向上の効果があるとされています。

　コスト面では、教師の給料、交通費、資料準備の時間が必要となります。「風習」ととらえるのではなく、「時間対効果」という感覚が必要です。

　なお、出席率が高いほど、サマースクールの効果が上がるともされています。課外授業においても、まずはどのような児童・生徒がどの程度出席しているのかという現状を確認することが必要と言えます。

ステップ4

● 4つの判断材料で意思決定！

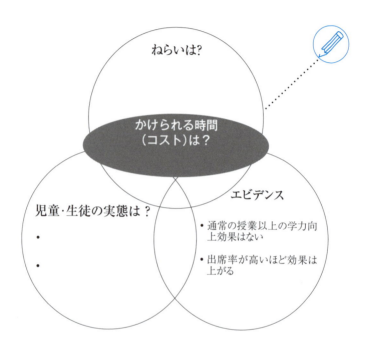

見直した結果、どうしますか？

● まとめの解説

　学力向上という点では、課外授業は高い効果があるとは言えません。通常の授業日数の中で、学力を高める工夫をさらに取り入れたり、個別に支援の必要な児童・生徒に対して、課外授業以外の別の支援はないかを考えたりするなど、見直すことをお勧めします。

　既に取り組んでいる学校であれば、まずはどんな児童・生徒がどれぐらいの参加率かという現状を把握することから始めてみてはいかがでしょうか。

● 参考文献
・EEF Summer school
https://educationendowmentfoundation.org.uk/pdf/generate/?u=https://educationendowmentfoundation.org.uk/pdf/toolkit/?id=148&t=Teaching%20and%20Learning%20Toolkit&e=148&s=

COLUMN

若手教員にとっての新たな選択肢「エビデンス」

　初任のとき、仕事はそれはもう多忙でした。教材研究、生徒指導、校務分掌……。次から次へと仕事がふってきます。さまざまな先輩の先生に言われたことを、ただひたすら取り組み、こなしていました。

　教師になって数年たち、「いま、していることがどれだけ子どもの力になっているのだろうか」「できることなら究極のスリム化をしたい」と考えるようになりました。そのとき、著者の森先生に教えていただいたのが「エビデンス」でした。

　「エビデンス」について知ってからは仕事の仕方が変わりました。例えば、指導案の書き方については、一人で指導書を見ながら何ページも書くのではなく、先輩の先生方と楽しく教材研究したり、授業について何度も話し合いをしたりしながらA4・1枚の指導案を書くようになりました。

　校内研究として同僚の先生の授業を見ても、「エビデンス」のすばらしさを感じました。暗く陰湿な雰囲気が漂っていた学級が、明るく活発な学級になりました。子どもにとって"より"よいものかどうかを考えることが、私の指導の根底になりました。

　若手教員にとって、すがることができるのは、自分が受けてきた教育と先輩方のアドバイスと限られた文献だけです。その選択肢にさらに「エビデンス」が加われば、若手教員の多忙化の解消につながるのではないでしょうか。

岐阜県養老町立養北小学校　**青木笙悟**

第2章
生活指導編

| テーマ 8 | キレやすい子どもに学校は何ができるのか？ |

　学校の中では、日々いろいろなことが起こります。

　小・中学生はまだまだ未熟な部分もありますから、自分の感情をコントロールできなくなってしまう場面もあるでしょう。自我が芽生えて、思春期真っ只中の小学校高学年や中学校ではなおさらです。

　今日も伊藤先生のクラスの男子が、掃除の時間に取っ組み合いのけんかを始めたようです。

騒ぎを聞きつけ教室に駆け込む伊藤先生

伊藤　「おいおいおい！ やめろ！ ふたりとも！」
りゅうと　「先生！ あいつが悪いんだ！」
はるたか　「なに⁉ お前が悪いんだろう！」
伊藤　「熱くなるな二人とも！ 話を聞かせてくれないか」
りゅうと　「先生！ はるたかが悪いんですよ！」
はるたか　「違うだろ！ りゅうとが先に……！」
伊藤　「やめろーーー!!!」（大声で）
（大きな声に驚き、ようやく喧嘩を止める二人）
りゅうと&はるたか　「……はぁ……はぁ……」
伊藤　「全く！ ふざけるのもたいがいにしろ！ もう6年生だろう⁉ それで下の学年に示しはつくのか！」
りゅうと&はるたか　「……」

 ようやく事態が落ち着き、その日の放課後

伊藤　「今日は大変でした……6年にもなると体も大きくなるし、力づくでとめようとしましたが、なかなか……」
七瀬　「大変でしたね……」
伊藤　「大きい声を出して事態を収束させましたが、あんなことがこれからまたあるかと思うと……」
教頭　「それで、男子二人は落ち着いて帰りましたか？」

伊藤　「はい、一応落ち着いて帰りました。保護者にも事情を説明しました。些細なやりとりが原因みたいで……」

教頭　「そうか」

伊藤　「どちらかというと、二人ともあまり感情のコントロールが得意な方ではないので、先が思いやられます……」

七瀬　「今回のことはもう終わったことなので仕方ないですが、もう少し根っこの部分を見てみてはいかがですか？」

伊藤　「……というと？」

七瀬　「あの状況を大声で収束させることは私も正しい判断だったと思います。二人とも我を忘れて感情的になっていました。ただ、これから二人に必要なことは、友人関係をどうやって良好に保つか、自分の感情をどうやって相手にうまく伝えるか、自分の感情をどうやってコントロールするか……その具体的な方法ではないでしょうか」

伊藤　「いやいやいや……そんなことができたら苦労しませんよ！私が知りたいくらいですよ」

七瀬　「例えば、最近欧米では"瞑想"を初等教育に取り入れているところもあるようです。集中力向上やリラックスの効果が期待できるそうです」

教頭　「学校で瞑想!?……寝ちゃうだろう（笑）」

七瀬　「いえ、私が言いたいのは、大声で指導するだけではなく、感情をコントロールする"方法"を子どもたちに学ばせることが大切ではないか、ということです」

伊藤＆教頭　「……」

さあ、どうする!?

　感情のコントロールが苦手な児童をクラスに抱える伊藤先生。きっとどのクラスにも、事例のように自己表現に難しさがある児童っていますよね。

　大きな声で指導する場面も必要かもしれませんが、普段から感情をコントロールする方法を教えるべきではと七瀬先生から提案された伊藤先生。

　それらに教育効果があれば実践すべきかもしれませんが……あなたならどうしますか？

1…感情に関する教育について調べてみる
2…調べる時間がないのでこれまでどおりの指導をする
3…まずは自分が"瞑想"してみる
4…その他

- いまのところの回答…

- その回答を選んだ理由…

ステップ1

● SICOを使った問題の整理

S	Student	(例)キレる児童に
I	Intervention	キレるな！と大声でどなる指導と
C	Comparison	感情をコントロールする方法を教えるのとでは
O	Outcome	どちらが効果的か？

● ワンポイントアドバイス

　すぐにキレてしまう児童・生徒に対して、従来は、「落ち着きなさい！」と言って暴力行為を制止する場合もあったかもしれません。しかし、怒りのコントロールの仕方を教えていこうとする感情教育に近年、注目が集まっています。感情教育のエビデンスや効果を理解した上で、IやCを明確にしたいものです。

ステップ2・3

● 「感情教育」にまつわるエビデンスを探す

Social Emotional Learning（SEL）、セカンドステップと呼ばれる2つの感情教育プログラムがあります。これらの☆☆☆のエビデンスがありました。

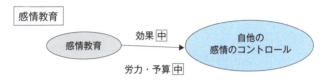

SEL	人の感情に注目し、どう認識し、どのようにコントロールし、よりよい人間関係を築くかを学ぶプログラム
セカンドステップ	自分自身や他人の感情を理解し、衝動的で攻撃的な言動を減らすプログラム

その結果、これらの感情教育は、低学年からの継続的な指導により、感情をコントロールできる児童を育てる効果があることがわかりました。ただし、すべての実践に効果があるというわけではなく、継続的な実践に効果があるとされています。

このような感情教育をよりよく実践するためには、教員研修が必要です。新たに、教材・教具を準備したりする必要があり、追加の予算や時間が必要になりますが、国内では、「SEL-8研究会」が研修会や共催資料などの情報を無料で提供しています。これらを利用することにより、時間対効果の良い実践が可能となるでしょう。

ステップ4

● 4つの判断材料で意思決定!

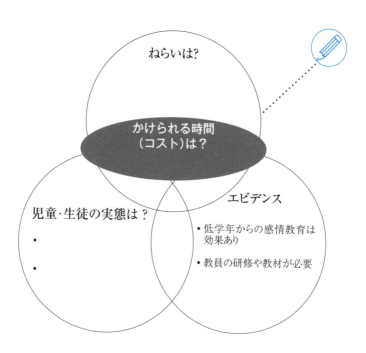

見直した結果、どうしますか?

● まとめの解説

　緊急事態を除いて、感情コントロールの苦手な児童に対して、同じように感情で対応し、押さえつける指導方法は、感情を育てるという視点が十分でないと言えます。感情を育てていくという視点に立ち、低学年のうちから継続的に指導できる校内体制（教員研修も含めて）を整えていくことが重要です。具体的な手法について、SEL-8研究会のサイトを見るなどして学ぶ機会があるとよいでしょう。

●参考文献

- EEF Social and Emotional Learning
  https://educationendowmentfoundation.org.uk/pdf/generate/?u=https://educationendowmentfoundation.org.uk/pdf/toolkit/?id=146&t=Teaching%20and%20Learning%20Toolkit&e=146&s=
- WWC Second Step
  https://ies.ed.gov/ncee/wwc/InterventionReport/623
- U.S. Department of Education, Institute of Education Sciences, What Works Clearinghouse. (2013, March).
  Children Classified as Having an Emotional Disturbance intervention report: Second Step. Retrieved from
  http://whatworks.ed.gov.
- SEL-8研究会
  http://sel8group.jp/

| テーマ | 日本では当たり前の制服！
その効果は果たして… |

　ある日の放課後、柏木先生は女子生徒たちと制服について話をしています。
　どうやら生徒たちは制服への関心が高いらしく、柏木先生にいろいろと尋ねてきました。
　自分の学校の制服を気に入っている生徒や「ブレザー」を着てみたいという生徒。そして、話はアメリカの制服事情にまで及び……。

放課後、廊下で話す生徒と柏木先生

みほ 「柏木先生、南中の制服、見たことある?」
柏木 「ああ、あのブレザーの学校でしょ?」
みほ 「そうそう! あれ可愛いですよねえ!」
ゆうな 「そぉ〜!? 私はうちの制服が一番好きだな」
みほ 「ブレザー着てみたい〜!」
柏木 「へえ、みんな制服について結構考えてるんだね」
みほ 「っていうか、なんで中学校は毎日制服着ないといけないの? 不衛生じゃない? 小学校は私服だったよ」
柏木 「確かに、小学校って私服が多いよな。どうして中学校から制服の学校が増えるんだろう」
みほ 「先生、制服って外国にもあるの? アメリカとか」
柏木 「アメリカは自由や権利を大切にする国だからね。一応、ドレスコードみたいにへそ出しはだめ、とかそういったことだけ決めて、あとは自由なところが多いね」
みほ 「え〜!? いいなあ。アメリカがないなら日本もなしでいいじゃん! 今度校長先生に言ってみようよ! 柏木先生も私服がいいって言ってるし!」
柏木 「いやいやいやいや! そんなことは言っていないよ! 制服にもいい面があるんだ」
みほ 「いい面?」
柏木 「そうそう。安全面とか防犯面とかの理由で、アメリカ

ですら制服の導入をすすめている都市もあるんだ」
ゆうな　「安全面？」
柏木　「うん、何かあったときに制服がその学校の生徒であるっていう大きな目印になるんだよ。特にアメリカには治安がいいとはいえない地域もあるからね」
みほ　「なるほど……」
柏木　「ハリーポッターは見たことある？」
ゆうな　「あ〜あるある！　この前テレビでやってた！」
柏木　「あれはイギリスの映画で、私立の学校を舞台にしているけど、制服を着ているでしょ？」
みほ　「あ……そういえば……」
柏木　「私たちはこの学校の生徒なんだ！　っていう誇りとか、学校への思いを大切にさせたいっていう、魔法学校の校長先生の思いがあるのかもしれないね」
ゆうな　「そっか……制服と一口に言っても、いいところと悪いところがあるんだね」
みほ　「……あかん！　だめよゆうな！　柏木先生に言いくるめられてる！　安全面とか言うけど日本めちゃ安全じゃん！　日本の学校の制服も自由を目指すべきだよ！　今度生徒会執行部と校長先生に提案してみようよ！」
柏木　「え!?　まじで……!?（どうしよう……ここまで話が大きくなるとは……）」

さあ、どうする!?

　制服vs私服で議論が進む放課後でした。

　ゆうなは制服の良さも理解したようですが、みほはどうしても私服がいいそうです。

　これまで続いてきた日本の制服制度（特に中学校）ですが、最近は着方に関する細かすぎる校則が問題になることもあり、制服のあり方が疑問視されています。

　あなたが柏木先生ならどうしますか？

1…生徒会への提案を応援する
2…制服がなくなるわけはないので放っておく
3…制服のない学校に視察に行く
4…その他

- いまのところの回答…

- その回答を選んだ理由…

ステップ1

● SICOを使った問題の整理

S	Student	(例)私服にしたいと考えている生徒が
I	Intervention	私服にすると
C	Comparison	制服であることに比べ
O	Outcome	やる気が高まるか

● ワンポイントアドバイス

　制服は、着こなしの厳しいルール（スカートの長さは○cm等）がある学校から、そもそも着用が義務づけられていない学校までさまざまです。さまざまな議論がなされる制服問題ですが、制服のねらい（Outcome）は何でしょうか。規律？ 学力？ 愛校心？ 今一度、制服の効果（O）を見直してみましょう。

ステップ2・3

● 「制服」にまつわるエビデンス

制服の効果に関して、☆☆☆のエビデンスはありませんでした。

多くの学校で、制服やその規則によって学校の規律や児童・生徒の生活全般のやる気を向上させるという考えがあるかもしれません。しかし、☆☆☆のエビデンスでは、制服やその規則によって、学力や生活態度、出席率が向上するという効果はありませんでした。

ただし、それらの効果があるかどうかにかかわらず、制服は、その学校の象徴（規制や個性の自由）を表しやすいものです。制服というものがどう捉えられているかといった文化的・歴史的背景は学校や地域によって異なります。そのため、制服の導入や廃止、規則の改訂などを実施する場合は、さまざまな文脈・関係者の立場に立ち、制服のあり方を見直すことが必要になります。

制服は、各家庭で購入することが多いので、学校として、制服に関する予算は多く必要ありませんが、家庭での負担は大きくなります。

制服そのものだけで児童・生徒の行動を成長させることはあまり期待できませんが、学校への愛着や象徴として、制服の役割があるのかもしれません。

ステップ4

● 4つの判断材料で意思決定！

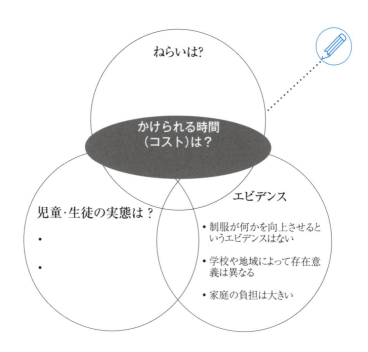

- ねらいは?
- かけられる時間（コスト）は？
- 児童・生徒の実態は？
- エビデンス
  - 制服が何かを向上させるというエビデンスはない
  - 学校や地域によって存在意義は異なる
  - 家庭の負担は大きい

見直した結果、どうしますか？

● まとめの解説

　さまざまに議論される制服に関するテーマですが、制服で学力や規律を高めるというエビデンスはありません。もし、制服のあり方について、児童・生徒が積極的に話し合う活動というものがあれば、児童・生徒の主体的な行動力を高めることにつながるかもしれません。ただ、これは、制服だけの問題ではありませんので、制服そのものの時間（費用）対効果は高いとは言えません。

● 参考文献

・EEF「School uniform」
https://educationendowmentfoundation.org.uk/pdf/generate/?u=https://educationendowmentfoundation.org.uk/pdf/toolkit/?id=145&t=Teaching%20and%20Learning%20Toolkit&e=145&s=（2019年4月7日検索）

・Samuels, K. S.（2003）The relationship of school uniforms to students' achievement, attendance, discipline referrals and perceptions: an analysis of one school district open_in_new PhD dissertation University of Alabama at Birmingham

・Sowell, R. E.（2012）The relationship of school uniforms to student attendance, achievement, and discipline open_in_new Doctoral dissertation, Liberty University

・Yeung, R.（2009）Are school uniforms a good fit? Results from the ECLS-K and the NELS open_in_new Educational Policy, 23(6), 847-874

テーマ	席替えはくじ？それとも……？

　学年が上がり、クラス替えがあった生徒たち。小学5年生に進級し、新しい気持ちで頑張ろうとする気持ちがある一方、他クラスとの違いにも戸惑いを感じているようです。

　今回の戸惑いの元は、「席替え」について。その方法は担任にゆだねられている場合が多いですが、生徒にとってみれば自分がどこに座るかは、非常に関心が高いもの。伊藤先生のクラスの女子たちも、他のクラスが気になる様子です。

昼休みの教室

ほの　「伊藤先生〜！ なんで私たちのクラスの席替えって、七瀬先生のクラスと違うんですか!?」
伊藤　「え……？」
ほの　「だって、七瀬先生のクラスは毎回くじびきで決めているらしいですよ！」
伊藤　「……そうなの？」
めい　「うちのクラスは、いっつも先生が決めてるじゃん！」
伊藤　「……（だって、隣同士にしたくない子たちもいるし……子どもたちには言えないけど。それに前回"隣同士にしないでください"って親から苦情まで来たんだよ……）」
まどか　「不公平だよ！ 私、七瀬先生のクラスが良い！」
伊藤　「（そんなこと言われたって……とりあえず受け流しておこう）へえー！ 七瀬先生のクラスはくじなのかあ」
ほの　「私たちもくじが良いです!! 次の席替えは、考えておいてください！」
伊藤　「……わかったよ、七瀬先生にも相談しておくよ」

 職員室に戻った伊藤先生

教頭　「私が担任していた頃は、出席番号順だったよ。伊藤先生」
伊藤　「そうですね、年度当初はぼくのクラスも出席番号順で

机を並べますよ」

教頭　「いや、違う。1年間だ。1年間、出席番号順だ」

伊藤　「え!? 1年間ですか!? 保護者から苦情とか来なかったんですか!?」

教頭　「教師が出席番号順と言えば、出席番号順だ。先生の考えに歯向かおうなんて100年早いんだ。保護者もそんなにこだわらなかったよ、昔は」

伊藤　「時……時代が違いすぎる……」

七瀬　「私のクラスは、くじびきできめますよ」

伊藤　「……」

七瀬　「だって、将来社会に出て、同僚・上司を選べますか？」

伊藤　「……」

七瀬　「社会に出たら、同年代だけと過ごすとは限りません。いろんな方と上手に付き合っていかないといけないんですから、クラス内ではその練習ですよ」

伊藤　「……」

七瀬　「だれとでも仲良くする、これも『生きる力』の一つでしょう？」

伊藤　「……まぁ、それはそうだけど……」

さあ、どうする!?

　数週間に一度、必ず起こってくる席替え問題。くじで決める、先生が決める、出席番号順などなど、その方法はさまざまでしょう。そこに先生の思い（生徒指導上、○○さんと○○さんは隣同士にしておきたい、隣同士にしておきたくない、だれとでも仲良くしてほしいなど）や保護者の思いが加わってくると、さらに複雑になってくるのが教育現場の難しいところですね。

　さあ、あなたならどうしますか？

1…くじびきにする
2…これまでどおりの方法にする
3…出席番号順にする
4…その他

- いまのところの回答…

- その回答を選んだ理由…

ステップ1

● SICOを使った問題の整理

S	Student	(例)担任する学級で
I	Intervention	くじびきで決める席替えと
C	Comparison	出席番号順で決める席替えでは
O	Outcome	何がどう効果が違うのか

● ワンポイントアドバイス

「席替え」は児童・生徒にとっても、教師にとっても重要なテーマです。席替えは、学級経営と強く関わる問題です。S、Oの部分では、学習面、人間関係面という2点で考えてみましょう。

ステップ2・3

● 「席替え」にまつわるエビデンスを探す

　席替えに関して、席替えのみを直接扱ったエビデンスはありませんでした。しかし、学級経営や学習環境という視点で、席替えにつながると思われる☆☆☆のエビデンスはありました。

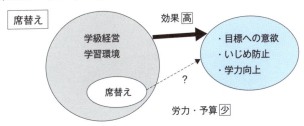

　席替えは、学級経営の一つの方法として捉えることができます。席替えを含めて学級経営や学習環境が良いと、いじめ防止や学力向上、児童・生徒が学校生活に意欲的になるといった高い効果があります。

　ただし、席替えのみのエビデンスはないため、席替えそのものの効果は、わかりません。

　そのため、席替えを一つの手段として捉え、学級経営や学習環境の改善という視点で見直すことが重要です。一例として、配慮を要する児童の机は、他の子どもたちの通り道ではなく、注意を引くものが少なく、教師や教材へアクセスしやすいところに位置づけるなどの工夫をすることで、一人ひとりを大切にするという学級経営につながるかもしれません。労力や予算はほとんどかかりません。

ステップ4

● 4つの判断材料で意思決定！

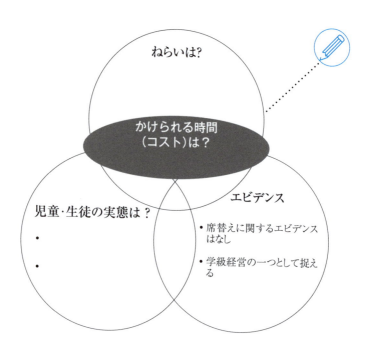

- ねらいは?
- かけられる時間（コスト）は？
- 児童・生徒の実態は？
  -
  -
- エビデンス
  - 席替えに関するエビデンスはなし
  - 学級経営の一つとして捉える

見直した結果、どうしますか？

● まとめの解説

　席替えを含めたいまの学級経営や学習環境は一人ひとりを大切にしていると言えるでしょうか。席替えについて、こうすればこういう効果があるといったエビデンスはありません。そのため、席替えを通して、どのような力を児童・生徒に身につけさせたいと考えているか、学習面、人間関係面、さらには特別な配慮を要する子どものことを考慮しながら、学級経営の一つの手段として席替えを見直してみてはいかがでしょうか。

●参考文献
- What Works Clearinghouse『Reducing Behavior Problems in the Elementary School Classroom』(Practice Guide) 2008年
- Hanke Korpershoek Truus Harms Hester de Boer Mechteld van Kuijk Simone Doolaard University of Groningen
『A Meta-Analysis of the Effects of Classroom Management Strategies and Classroom Management Programs on Students' Academic, Behavioral, Emotional, and Motivational Outcomes』2016年、Review of Educational Research
- 「Can Reconfiguring Spatial Proximity Between Organizational Members Promote Individual-Level Exploration?」, Why You Should Rotate Office Seatiing Assignments
HBR, March-April2018, Havard Business School Publishing Corporation.

テーマ 忙しすぎる中学生。運動と勉強は比例それとも反比例！？

　6月中旬のある日。部活動が盛んな柏木先生の中学校（私立）では、中体連大会に向けて今日も多くの生徒たちが部活動に取り組んでいます。
　そんな放課後、担任するしょうたが職員室に相談に来ます。さて、どんな相談なのでしょうか…。

放課後、窓から外を見る柏木先生

しょうた「先生……ちょっといいですか？ 相談したいことがあるんです……」

柏木「ん？ どうした？（しょうたが相談に来るなんて珍しいな……）」

しょうた「ぼく……最近部活動に行きたくないんです……」

柏木「部活動？ 確かしょうたは野球部だったよな」

しょうた「はい。野球は大好きなんですが、最近部活動よりも勉強した方が将来のためになると思って……」

柏木「どういうことだ？」

しょうた「もうすぐ部活動の大会がありますが、大会が終わったらみんな高校入試に向けて勉強し始めますよね」

柏木「だいたいの生徒はそうだな」

しょうた「でも、受験勉強を早めにスタートした方がそれだけたくさん勉強できると思うんです」

柏木「……」

しょうた「しかも、野球部の練習は、大会が近づいてきてとてもハードになってきています。部活動から帰ると、とても疲れてしまい、勉強に集中できないことが多いんです。先生もよく授業で『英語や数学は積み上げ教科だから、遅れると取り戻すのが大変だぞ』って言っているじゃないですか。このままでは野球の練習のせいで勉強が手につきません」

柏木　「そうだったのか……」

しょうた　「土日も練習試合が組まれることが多いです。試合が終わって帰ると、平日の帰宅時間と変わりません。いまはなんとかついていけていますが、野球ばかりしていて勉強ができなくなるのが不安なんです……」

柏木　「……」

しょうた　「昨日親に相談したら、『大好きな野球をがんばれないやつが、勉強をがんばれるわけがない。時間を有効に使いながら、要領よくこなすんだ』と言われました。でもぼくは、野球部をやめて、できた時間でもっと好きな勉強がしたいんです。時間があれば、勉強が遅れることはないでしょう。部活ばかりしていて勉強ができなくなるか不安で不安で……」

柏木　「そうか……わかった。中学生の本分は勉強だからがんばってほしい。先生の思いとしては、大好きな野球も続けてほしいが……しょうたがそこまで言うなら、学年主任と相談しておくよ（でも……運動しすぎて勉強ができなくなることなんてあるのかな……）」

教頭　「……そんなことはない」

柏木　「え!?（いつから聞いてたの!?）」

教頭　「学生は勉強・部活どちらもがんばって、文武両道を目指すべきです。運動のできる生徒は学力も伸びます。これは長年の教師経験から間違いありません！」

柏木　「……（本当かよ）」

さあ、どうする!?

　中学生になると部活動が始まり、多くの生徒は放課後2時間程度、さまざまな活動をして帰ります。

　小学生時代とは違い、宿題の量も増えるので時間の使い方が大切になりますから、しょうたくんと同じ悩みをもつ中学生は多いはず。

　しかし、運動をしすぎて勉強ができなくなることって本当にあるのでしょうか。

　あなたならどうしますか？

1…運動をやめて勉強に専念することを勧める
2…運動に専念するように勧める
3…文武両道を勧める
4…その他

● いまのところの回答…

● その回答を選んだ理由…

ステップ1

● SICOを使った問題の整理

S	Student	(例)相談に来た生徒は
I	Intervention	部活で運動を続けるのと
C	Comparison	やめるのでは
O	Outcome	どちらが学力は高くなるのか

● ワンポイントアドバイス

　この問題は、「運動と学力」との関係につながります。運動で身につく力とはどのようなものか、それと学力がどう関わっているのかを考えていく必要があります。Oの部分は、学力が高くなるかだけでなく、運動で育てたい力も考えてみてください。

ステップ2・3

● 「運動すれば学力は高くなる」にまつわるエビデンスを探す

この問題に対して、☆☆☆のエビデンスがいくつかありました。

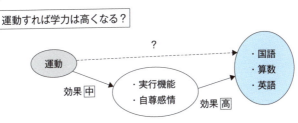

その結果、運動すれば、学力が高くなるというエビデンスはありませんでした。ただし、運動することで、実行機能や自尊感情を高めることができるという効果があることがわかりました。実行機能とは、目標達成のために自分をコントロールし、行動していく力です。

そのため、運動することで実行機能が高まり、間接的に学力が高まることにつながる可能性は否定できません。

運動すれば、学力が高くなるのかどうかについて、その効果を明らかにするには、さらなるエビデンスが必要です。

しかしながら、運動と学力がマイナスな関係を示しているエビデンスもありませんでした。つまり、「運動すれば学力が上がる」とは言い切れないが、「下がるということは可能性として少ない」と言えそうです。

ステップ4

● 4つの判断材料で意思決定！

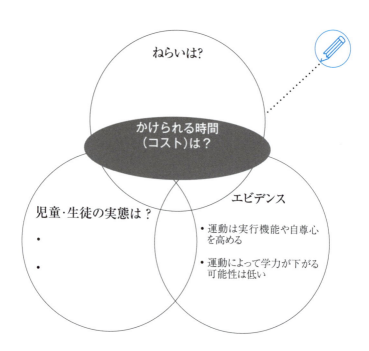

見直した結果、どうしますか？

● まとめの解説

　エビデンスを利用するときは、何がどこまでわかっていて、何がどこまでわかっていないかを明らかにすることが重要です。今回のように、少なくとも、運動すれば学力が高くなるとまでは言えないけれども、悪くなるとも言い切れないということです。

　学校現場はさまざまな要因が複雑に絡み合っており、何かはっきりとしたことが言えないことが多いものです。そのため、断定的な考え方をせず、一人ひとりの児童・生徒や一つ一つの問題と向き合い、よりよい建設的な話し合いをしていくとよいでしょう。

●参考文献
- キャンベル共同計画「Exercise to improve self-esteem in children and young people」https://campbellcollaboration.org/library/exercise-to-improve-self-esteem-in-children-and-young-people.html
- Resaland et al (2016) G.K. Resaland et al. Effects of physical activity on schoolchildren's academic performance:The Active Smarter Kids (ASK) cluster-randomized controlled trial☆/ Preventive Medicine 91 322–328
- Hillman, C.H, Busk, S.M, Themanson, J.R, Pontifex, M.B, & Casteli,D.M (2009).Aerobic fitness and cognitive development :Event-related brain potential and task performance indices of executive control in preadolescent children.Developmental Psychology, 45, 114-129.

| テーマ | クラスで賞を取れた！が… |

　今年は6年生の担任となり、運動会でいい思い出を作ろうと熱く張り切る伊藤先生。伊藤先生の勤務する学校では、運動会に5分間、6年生がクラス対抗で「応援演技」を披露する時間があり、保護者・地域の人たちや卒業生からの注目も高い。そんな「応援演技」で勝利を目指す伊藤だったが……。

クラスで練習を行っている体育の時間

伊藤　「そこ! リズムがずれている!」
伊藤　「もっと大きな声を出せ!」
伊藤　「もっと大きく動く! 手足を伸ばす!!」
伊藤　「なんで先生の言ったとおりに動いてくれないんだ! ムキー!! クラスみんなでいい思い出を作るために、この運動会ではぜっっったいに応援で最優秀賞をとるぞ!」
応援リーダーの子どもたち　「(……おれら必要ないじゃん)」

 目論見(?)どおり、クラスが最優秀賞で幕を閉じた運動会の夜、電話で柏木先生に自慢する伊藤先生

伊藤　「聞いてくれよ柏木。今日、運動会があってさあ。うちのクラス、なんと最優秀賞だよ、最優秀賞! ぼくの指導が良かったんだろうなあ、きっと」
柏木　「お、それはおめでとう!」
伊藤　「練習中から、ぼくが前に出てがんばった甲斐があったよ!」
柏木　「え?……ちょっとまて伊藤。おまえが練習でガンガン前に出ていたのか?」
伊藤　「そうだよ? だって最優秀賞ほしいじゃん。表彰されているときの充実感は忘れられないなあ……!」
柏木　「それ、本当に意味があるのか? そもそもその行事の目

的は何なんだ？」

伊藤　「……え？」

柏木　「行事の目的は、目の前にいる生徒たちに授業ではできないことを体験させて成長させることだろ？」

伊藤　「……」

柏木　「応援の企画を友達と一生懸命考えたり」

伊藤　「いやいや！　そんなことさせたら、企画を考えているときに意見がぶつかってけんかになるよ、うちのクラス！」

柏木　「それでいいじゃないか。たとえ意見がぶつかっても、みんなの意見をまとめる練習になる。それで最優秀賞を取れなくても、それはそれで子どもたちはにいい勉強・経験になると思うけどな」

伊藤　「……（だって、七瀬先生にもほめられたモン）」

柏木　「……違うか、伊藤？　教師主導で行事を進めていくことは簡単だし、きっと子どもたちも動きやすいだろう。でも、子どもたち主導で行事を進めさせることも大切だと思うぞ。毎日の授業ではまだまだ教師が主体になる場面が多い。だとしたら、行事くらいは生徒に任せる場面があってもいいんじゃないか？」

伊藤　「……」

柏木　「これから生徒たちが出ていく世の中は、多様性に満ちている。そんな世の中で通用するチカラをつけるために、行事のすべてじゃなくていい、一部分でも生徒に任せて、自主性とか主体性を育てる勇気をもったらどうだろう」

伊藤　「……」

さあ、どうする!?

　教師という仕事をしていると、生徒のいろいろな部分が見えます。毎日一緒にいると、まだまだ未熟な部分も見えるでしょう。だからこそ、行事の一部分でも生徒に任せるのって勇気がいりますよね。

　生徒に任せてしまうことで、「ああすればもっとうまくいくのに……」「自分（教師）が前に出れば、うまくいくのに……」と思ってしまいます。

　子どもたちに任せて忍耐強く見守るか、教師である自分が積極的に前に出て、教師主導で生徒を育てるか……。

　あなたならどうしますか？

1…やっぱり何としても最優秀賞にこだわりたい
2…勇気を出して生徒に任せてみる
3…クラスの状態による
4…その他

● いまのところの回答…

● その回答を選んだ理由…

ステップ1

● SICOを使った問題の整理

S	Student	（例）自分の学級で
I	Intervention	生徒主体で取り組ませるのがよいか
C	Comparison	教師主導で取り組むのがよいか
O	Outcome	何を育てたいのか

● ワンポイントアドバイス

　運動会だけでなく、発表会などの学校行事の出来栄え（作品や記録・姿など）は当然気になりますよね。出来栄えを良くしようと思うと、教師主導で進めていく方が良くなることが多いと思います。児童・生徒のためと当然思ってはいますが、その出来栄えとどこまで教師が出るべきなのかは常に悩ましい問題です。このようなとき、それぞれの行事で何をどこまで伸ばしたいのか、ねらいや目的を明確にすることでクリアになります。この事例の場合、運動会の目的が「生徒の主体性を育てる」ことなのか、「優勝してクラスの団結力や自信を高める」ことなのか。Outcomeとして何を大事にするのか問われています。

ステップ2・3

● 「行事」にまつわるエビデンスを探す

　学校行事での教師と児童・生徒との関わり方に関して、☆☆☆のエビデンスはありませんでした。ただし、学級経営に関する☆☆☆のエビデンスや日本の学校行事と教師との関わりに関する☆☆の研究はありました。

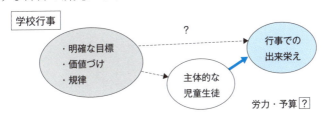

　その結果、有効だと思われる手立てとして、明確な目標設定・価値づけ・規律が挙げられます。目標設定とは、行事のなかで、何を目指すのか、児童・生徒の願いと教師の願いを一致させて定めていくことです。その過程で、達成できた点について教師が価値づけることで、児童・生徒の主体性が高まる可能性があります。主体的な行動により、行事での出来栄えは良くなると考えられます。またその結果出来上がった作品などの出来栄えは、児童・生徒の自尊感情を高めることにもつながります。

　ただし、学校行事や学級はさまざまに異なるので、一般化することができるかどうかわかりません。どんな学級に、どのような行事を通して、どのように関わっていくかは非常に複雑であり、はっきりとしたことがわかっていません。労力・予算を試算したものも見当たりませんでした。

ステップ4

● 4つの判断材料で意思決定！

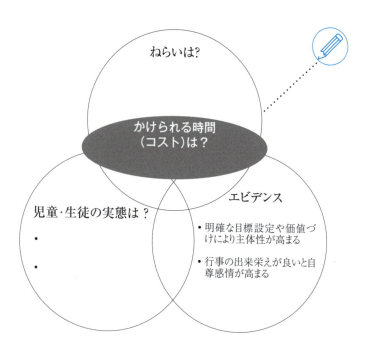

- ねらいは？
- かけられる時間（コスト）は？
- 児童・生徒の実態は？
- エビデンス
  - 明確な目標設定や価値づけにより主体性が高まる
  - 行事の出来栄えが良いと自尊感情が高まる

見直した結果、どうしますか？

● まとめの解説

　個人の勘や経験で行事を語られることが多々ありますが、実際のところ、それらのエビデンスはありません。このような場合、「生徒の主体性を育てる」のか、「優勝してクラスの団結力や自信を高める」のか、といったねらいを明確にしたり、児童・生徒や学級の状態を明確にしたりする必要があります。

　学校現場は、エビデンスがないなかで、意思決定しなければなりません。エビデンスがないからこそ、本当に必要なものが、そこにあるのかもしれません。

●参考文献
- キャンベル共同計画　Regina Oliver, Daniel Reschly, Joseph Wehby（2011）「The effects of teachers' classroom management practices on disruptive or aggressive student behavior」
https://www.campbellcollaboration.org/library/classroom-management-effects-on-disruptive-aggressive-behaviour.html
- 河本愛子（2017）「学校行事において生徒の活動集団内での同化・差異化を促し得る高校教師の関わりの質的検討」東京大学大学院教育学研究科紀要 第57巻 p115-123
- 河本愛子（2015）「中学校教師の学校行事における関わりの質的検討―集団社会化理論の視座から―」東京大学大学院教育学研究科紀要 第55巻 p217-226

テーマ 13 朝の時間に本を読むべきか？運動すべきか？

　3学期末。もうすぐ新しい年度が始まるというこの時期には、各教科部会や校務分掌部会などから来年度に向けたさまざまな提案がなされます。

　今回は、体育科主任の先生から、毎日行っている「朝読書」に対して異議があるようです。

3学期末の職員会議にて

教頭 「……はい、これで予定していたすべての提案・連絡事項は終わりました。何か他に連絡などありますか?」
体育科主任 「ちょっといいですか?」
教頭 「はいどうぞ」
体育科主任 「うちの学校では、毎朝20分間、朝読書の時間がありますが、あの時間って本当に必要ですか?」
伊藤 「……(え? ここ何年か、毎日やってることじゃん)」
体育科主任 「あの20分間、毎日やる必要が本当にあるのか、ここで先生方に考えてもらいたいと思います」
伊藤 「……(え? 朝読書を始めたら学校が落ち着いたっていう本もどこかで読んだことあるぞ)」
体育科主任 「1日20分。1週間で100分になります。読書は国語の力をつけることはわかっています。ただ、国語の力をつけるのを、国語の授業以外で行うのは、ちょっと違和感があります」
教頭 「……確かに」
伊藤 「……(え? 教頭、認めちゃうの!?)」
体育科主任 「代わりにマラソンをやってはどうでしょうか。読書が国語力の基本だというのであれば、体力をつけることは生きることの基本です。健康な体なしには、国語も算数もありません。来年度から、朝読書の時間の代わりとして、朝マラソンの実施を提案します」

国語科主任　「はあ?!」

体育科主任　「国語力をつけるために、わざわざ国語以外の時間を確保する必要はないでしょう。国語の力は国語の時間につけたらいいんですよ。言わせてもらいますが、国語の力をつけるのに授業時間以外の時間に頼るなんて、先生が"私の授業では国語の力を十分つけられません……朝読書の時間でもつけてね"と言っているようなものです」

国語科主任　「なんですって!? それを言うのでしたらマラソンも同じじゃないですか！ 体育の時間以外でマラソンをするのは、体育の授業では十分に力をつけられないと言っているのと同じじゃないでしょうか！」

体育科主任　「なんだと!? 健康な体なしには、国語も算数もないだろう！ 健康な体には、素晴らしい魂が宿るんだ！」

国語科主任　「いいえ！ マラソンなんて朝から実施したら、その後の授業で考えたり覚えたりする体力がなくなります！ 朝っぱらから無駄に体力使ってどうするんですか！ そもそも、"体力、体力"って言いますが、週末やスポーツクラブで走りたい子が走ればそれでいいじゃないですか！」

教頭　「まぁまぁ、どちらの先生も落ち着いて……」

さあ、どうする!?

　全国的に「朝読書」を実施している学校が多いようです。しかしながら、学校でのマラソンなどを通した体力づくり・体づくりが大切なのも頷けます。

　朝読書とマラソンの対立。あなたはどう考えますか？

1…**朝読書に賛成**
2…**朝マラソンに賛成**
3…**半々にすればいいのではと提案する**
4…**その他**

● いまのところの回答…

● その回答を選んだ理由…

ステップ1

● SICOを使った問題の整理

S	Student	(例)うちの学校で
I	Intervention	朝読書をするのと
C	Comparison	朝マラソンをするのとでは
O	Outcome	どちらが何がいいか？

● ワンポイントアドバイス

　朝読書と朝マラソンのどちらかを実施すべきなのかは、どんな力をつけたいのか、つけるべきなのかによります。どちらも朝行うことで、目を覚ましたり、集中力を高めたりすることが期待できそうです。朝読書、朝マラソンのそれぞれがどんな力をつけることができるのか、その効果がわからなければ意思決定しにくいものです。Outcomeの部分は自分の予想されるものを書いてみましょう。

ステップ2・3

● 「朝読書と朝運動」にまつわるエビデンスを探す

インターネット上では、それぞれの取組みを推進する団体がその効果をそれぞれ明示していますが、☆☆☆のエビデンスを提示しているサイトを見つけることができませんでした。ただし、朝読書と朝運動を比較した☆☆の研究がありました。

運動遊び、朝読書、その両方を実施し、（1週間の間隔を設けて）落ちる棒をつかむという反応速度の測定を行い、朝の目覚め（身体的覚醒）を調べた研究の結果、運動遊びの方が読書よりも目覚めが良いという結果でした。

一方、朝読書は、国語や算数の学力、集中力を高める効果があるとする☆☆の研究もありました。

つまり、朝読書に関する☆☆☆のエビデンスはないものの、朝運動には目を覚ますという効果があり、朝読書には集中力や国語の学力の向上、読書好きにさせる効果があると言えます。

ステップ4

● 4つの判断材料で意思決定！

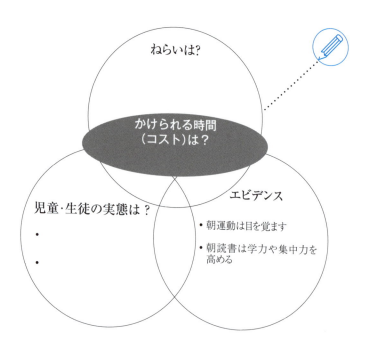

- ねらいは？
- かけられる時間（コスト）は？
- 児童・生徒の実態は？
- エビデンス
  - 朝運動は目を覚ます
  - 朝読書は学力や集中力を高める

見直した結果、どうしますか？

● まとめの解説

　このように、☆☆☆のエビデンスがない場合、☆☆の研究を参考にすることで、改めて、何をねらいとするかを考え直すことができます。集中力をつけさせたければ、読書をすればよいし、目を覚まさせたければ、朝運動をすればよいと考えることができます。最良の情報を活かし、目の前の児童・生徒の実態に合わせて、どちらかを重視するか、もしくは別のやり方を見直すことがエビデンスに基づいて実践するということです。

● 参考文献
- 山崎博敏(2008)『学力を高める「朝の読書」〜一日10分が奇跡を起こす──検証された学習効果〜』メディアパル
- 薬袋秀樹(2012)「朝の読書の評価に関するアンケート調査－意義と問題点－」日本生涯教育学会論集, 33巻, 103-112
- 小林幸次・野井真吾(2012)「朝の活動が子どもの覚醒度に及ぼす影響："運動遊び"と"読書"との比較」運動・健康教育研究 20 (1), 8-18

COLUMN

エビデンスは調味料
~校内研究でエビデンスに基づく授業に取り組んでみて~

「考え方が説明できるように予習してきたから、自分たちで授業させて!」「先生はそこで見ていて!」「算数言葉を使って順序よく説明ができるようになって楽しい!」

児童の成長は、教師の指導に対する評価であり喜びです。

教師になって30年。「校内研が楽しい」と思えたのは、森先生が校内研究として発信されるエビデンスに基づく実践に有効性を感じ、実践することができたからです。

授業のねらいや目指す児童の姿は明確なのに、「授業中児童は受け身で楽しそうではない」「授業後、児童はどんな学習をしたのか言葉で表現することができない」という実態からのスタートでした。

児童が自分でつまずきに気づく個人追究、友達の発表がどこまで理解できたか自分で確かめる話し合い、自分の学びを振り返るまとめの3つの学習過程で、自分の経験と「エビデンス=調味料」を組み合わせることにしました。

いままでの経験による感覚に頼った指導に、調味料を加えたことで、指導方法や内容が可視化でき、冒頭の児童の言葉のように、児童の学ぶ姿に変化が見られるようになりました。

優れたエビデンスから児童の実態と教師の指導目標に合うものを選び、調味料のように使うタイミングや量を考えて実践することで、授業を変えることができます。「エビデンス」は、教師と児童にとって楽しい学習のための調味料であることは間違いありません。

岐阜県養老町立養北小学校　**古橋千惠美**

第3章
教師の業務編

テーマ	黒板周りの掲示物は、児童・生徒にどう影響する？

　4月。今年も担任を務めることになり、居心地のいい学級経営をしようと張り切る伊藤先生。

　居心地のいい学級、学習指導の充実には、まずは「教室環境」から。いろいろなネットの情報を検索して、どうも「黒板の周りには何も貼らないほうが生徒・児童が落ち着く」ということを知り、実践しようと意気込む伊藤先生ですが……。

年度始めの職員会議にて

教頭　「では、次の提案お願いします」

学習主任　「今年度、学習主任になりましたKです。一年間、生徒たちの学力向上のため、よろしくお願いします」

伊藤　「(ここで黒板周りの提案もあるはず……)」

学習主任　「……最後に、教室環境についてです」

伊藤　「(来た!)」

学習主任　「図に示しますように、黒板の上部に学級目標と学年目標。黒板の右側に学年通信や保健通信などのお便り関係を貼ってもらえるようお願いします」

伊藤　「……え……?」

校長　「校長便りも黒板右側に貼ってくださいね」

伊藤　「……えええ?」

教頭　「今年は、教頭便りも発行しようと思っています。同じく右側に貼ってください。まちがっても校長だよりの上部には貼らないでくださいね、ハハハッ」

学習主任　「そして、黒板の左側には、教科に関することや学年に関することを貼ってください」

伊藤　「……(え〜!? そんな細かく規定する必要あるの!?)」

伊藤・七瀬　「(同時に)ちょっと待ってください!」

伊藤・七瀬　(目が合う2人)

七瀬　「黒板の周り、こんなにも細かく規定する必要はあるの

でしょうか？」

学習主任「どういうことですか？（ムッとして）」

七瀬「黒板の周りくらいは、その担任の個性を出してみてはどうかと思います。それに、黒板の周りにはあまり掲示物を貼らない流れが主流になりつつあります」

伊藤「（そうそれ！ もっと言って！）」

七瀬「一度、黒板周りに掲示物が全くない教室の席に座ってみたことがありますが、とても黒板が見やすかったです」

伊藤「そうですよ！ ネットにも書いてありました」

学習主任「はあ？ ネット？ ネットの情報など当てになりませんね」

伊藤「（カチン）」

学習主任「七瀬先生のお話も、ちょっと不明確ですよ、主流になりつつあるって、何をもって主流なんですか？ 生徒にアンケートでもとってみたんですか？ 根拠がない」

七瀬「（カチン）」

学習主任「学年目標や学級目標は、先生方の学級経営の核でしょう？ それを毎日目にすることでクラスに連帯感が生まれます。黒板周りに掲示する意義があるんです」

教頭「まあ、七瀬先生と伊藤先生、せっかく学習主任が提案してくださったんだし、提案どおりにいきましょうよ、今年は。今年一年間かけて、いろいろと先生方に考えてもらって、来年度また見直せばいい」

七瀬・伊藤「……わかりました」

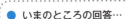

 黒板周りの掲示物、読者のみなさんの学校ではどうしていますか？

 黒板周りには何も貼らないという教室が増えてきたと聞きますが、学習主任の先生の考え方も一理あります。

 あなたならどうしますか？

1…学習主任の提案どおりにする
2…なるべく黒板周りには貼らないようにする
3…エビデンスを調べて来年の会議で提案する
4…その他

● いまのところの回答…

● その回答を選んだ理由…

ステップ1

● SICOを使った問題の整理

S	Student	(例)うちの学級で
I	Intervention	たくさん掲示物を貼るのと
C	Comparison	少し掲示物を貼るのとでは
O	Outcome	どちらが子どもにとってよいか

● **ワンポイントアドバイス**

　掲示物の量は、担任教師や学校・地域によって差があるようです。どこまでの掲示物をどれだけ作成するべきなのか悩む先生も多いかもしれません。ここでは、掲示物の児童・生徒への時間対効果という視点で掲示物を見直してみましょう。とくに、Oを考えることで、掲示物のねらいを見直すことができます。

ステップ2・3

● 「掲示物」にまつわるエビデンスを探す

　掲示物の効果を直接研究した☆☆☆のエビデンスはありませんでしたが、掲示物を含めた「学習環境」に関する☆☆☆のエビデンスと、視覚刺激と英語の掲示物の効果を検証した☆☆の研究がありました。

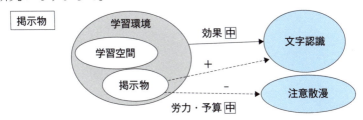

　研究によると、視覚刺激の量が多い（掲示物が多い）と授業中の集中力の妨げになる可能性があると言えます。そのため、教室の黒板周りの掲示物をほとんどなしにしたり、カーテンで隠したりするなど、視覚刺激の量を大きく減らしたという実践がありました。

　一方、英単語の掲示物を作成し、掲示しておくことで、英語の文字認識の効果が高まったという結果もありました。また、学習環境という点では、児童・生徒にとって学びやすい空間や設備等は、児童・生徒の学力を一定程度向上させるというエビデンスがありました。つまり、児童・生徒（もちろん個々の差はあります）にとって、多すぎる掲示物は注意散漫になる可能性があり、ねらいとする適切な掲示物は効果的にもなる可能性があると言えます。

ステップ4

● 4つの判断材料で意思決定！

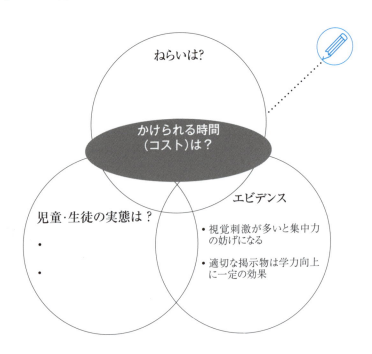

見直した結果、どうしますか？

● まとめの解説

　教室環境をよりよくするという目的のために、掲示物を工夫することは大事なことですが、それが過度な量になると注意散漫になってしまう児童・生徒もいます。ねらいがある掲示物であれば、取り組んでいく価値があるでしょう。好ましくないのは、目的のない形式的な掲示物の作成・掲示です。かえって教育効果を下げる可能性がありますし、時間対効果が高いとは言えません。掲示物は、学習環境を整えるといった視点から、その目的と効果を考えながら取り組むとよいでしょう。

●参考文献

- EEF Built environment
  https://educationendowmentfoundation.org.uk/evidence-summaries/teaching-learning-toolkit/built-environment/
- What does research say about the effect of flexible classroom structures (time, space and environment) on student learning?
  https://ies.ed.gov/ncee/edlabs/regions/northeast/AskAREL/Response/12
- Whyte, B., House, N., Keys, N. (2016). Coming out of the Closet: From Single-Cell Classrooms to Innovative Learning Environments. Teachers and Curriculum, v16 n1 p81-88.
  https://eric.ed.gov/?id=EJ1122017
- 巽徹・岡田真理子・ジャクソン・リー(2017)「小学生の英語学習における文字認識に関する研究―英語の掲示物が児童の学びに与える影響―」岐阜大学教育学部研究報告人文科学 第65巻 第2号 p.85-94

> **テーマ ⑮** 毎年恒例の指導案作り。
> その時間対効果はいかに！？

　毎年恒例の指導主事訪問授業に向けて、「指導案」を書く伊藤先生。

　しかも今年は、すべての教職員の代表として、参観者全員が集まる「代表授業」を担当することになりました。

　代表授業を来月に控え、必死に指導案を作成する伊藤先生ですが、どうやらかなり不満がたまっているようです……。

児童が下校したあとの職員室

伊藤 「カタカタカタカタ……（パソコンを打つ音）」

七瀬 「伊藤先生、来週の校外学習についてですが……」

伊藤 「カタカタカタカタ……（パソコンを打つ音）」

七瀬 「……伊藤先生？」

伊藤 「カタカタカタカタ……（パソコンを打つ音）」

七瀬 「い・と・う・せ・ん・せ・い〜っ!!!」

伊藤 「はっ！ すみません！ どうしましたか!?」

七瀬 「どうしましたかじゃありませんよ。何しているんですか？ そんなに没頭して……」

伊藤 「いや、来月の指導主事訪問授業の指導案を書いていました。っていうか、うちの学校、指導案の分量多くないですか？」

七瀬 「確かに他の学校より少し多いかもしれませんね」

伊藤 「いや、少しなんてもんじゃないですよ！ 単元の目標……児童について……指導について……単元について……他教科との関連について……。ぶっちゃけ、こんなところだれが読むんですかね!?（だんだん熱くなる伊藤）」

七瀬 「(小声で) ちょっと伊藤先生！」

伊藤 「だって七瀬先生もそう思っているでしょう!? 正直、【本時の流れ】以外みんな読んでいないですよ！ 指導主事訪問の日だけ、みんなスーツ着て見栄はって……」

教頭 「ゴホン！」

伊藤 「そもそも、ぼくたちの仕事は子どもたちに学力をつけることですよ!? こんな文章をいくら書いたところで、学力なんて1ミリも上がらないですよ!」
七瀬 「(小声で)ちょっと! その辺にしないと……」
伊藤 「指導主事訪問の1時間を頑張ったところで、得られるものは少ないですよ。だってそうでしょう? 考えても見てくださいよ! ぼくらは、限られた授業のなかで、各教科の力をつけるのが仕事なんですよ! プロ野球でいうなら、たった1試合を勝ちにいくために、どこの球団がすべての投手陣を投入しますか!? 日本シリーズじゃないんだから!」
七瀬 「(出た野球)」
伊藤 「日本シリーズはたとえ1試合負けたとしても、最後に勝数が多いチームが優勝なんですよ! ぼくたち教師は、6年間の授業で最後に高い学力をつけるのが仕事です! この1時間にこんなにエネルギーを注ぐなんて……」
教頭 「ゴホンゴホン!」
七瀬 「(小声で)もうわかったって!」
伊藤 「止めないでください! 言いたいことは、ただひとつです! 指導案、書くの無駄です! もっと量を削ってシンプルにしましょう! 指導案集はもっと無駄なので即刻廃止すべき……」
教頭 「伊藤先生!!!(怒)」
伊藤 「……ハッ!(あまりに熱くなりすぎて、職員室中から注目を浴びていることに気づいていなかった……)す、すみません!」

さあ、どうする!?

　毎年恒例の研究授業とそのたびにやってくる指導案作り。負担に感じている先生も多いはずです。

　伊藤先生のように、そもそも指導案作りで生徒に学力はつけられないと考えている方もいるでしょう。

　かといって、指導案の様式の思い切った変更は憚れるし、そんな発言力もない。あなたならどうしますか？

1…ガマンして指定された様式で書く
2…研究主任に相談し、次年度の課題にしてもらう
3…他校の状況を調べ、精選するよう会議で提案する
4…その他

- いまのところの回答…

- その回答を選んだ理由…

ステップ1

● SICOを使った問題の整理

S	Student	(例)代表授業をする学級の児童たちに
I	Intervention	分量の多い指導案を書いて授業をするのと
C	Comparison	指導案を書かずに授業をするのでは
O	Outcome	どちらがよりよい授業ができるのか

● ワンポイントアドバイス

　改めて、指導案は何のために書くのかということを確認していく必要があります。そもそも指導案は何のために書くのかというと、①自分で考えるため、②他人に伝えるためが主に考えられます。そのため、授業者は書きながら考える、他人はそれを見て、授業者の意図を理解することになります。上記の2点のみを考えると、指導案は分量や資料がより多い方が目的が達成されやすいと思われますが、この場合のSICOは、児童を対象としたものではなく、教師や教員集団を対象としたものになってしまいます。

ステップ2・3

●「指導案」にまつわるエビデンスを探す

指導案に関連して、☆☆☆のエビデンスはありませんでした。しかし、日本の教員の力量形成を対象にした☆☆の研究がありました。全国の学校（公立小学校705校、公立中学校665校、公立高等学校254校、私立高等学校77校）を対象にした調査です。

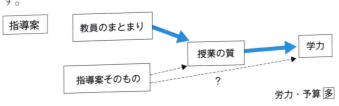

労力・予算 多

その結果、指導案そのものよりも、教員のまとまりの方が授業の改善に与える影響はより大きいことが示されていました。ここでいう「教員のまとまり」とは、教員同士が子どもや授業について話をしたり、授業づくりにお互いに協力したりすることです。

つまり、教員のまとまりを高めるような授業研究を行うことができれば授業の質を高め、児童・生徒の学力の向上につながる可能性があると言えます。

なお、分厚い指導案集の作成は、非常に労力や時間がかかります。教員の労働を換算すると、多くの場合、コストは高いと言えます。

ステップ4

● 4つの判断材料で意思決定！

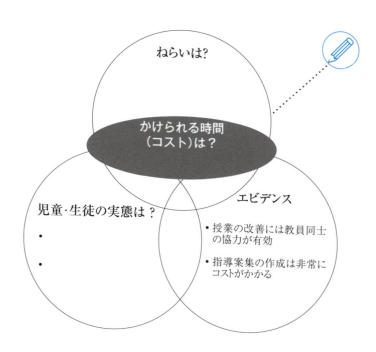

- ねらいは？
- かけられる時間（コスト）は？
- 児童・生徒の実態は？
- エビデンス
  - 授業の改善には教員同士の協力が有効
  - 指導案集の作成は非常にコストがかかる

見直した結果、どうしますか？

● まとめの解説

　分厚い指導案集の作成は本当に気の遠くなる作業です。指導案作成にかける労力や時間と、その効果に関する☆☆☆のエビデンスはありません。エビデンスがない場合にどうするかを考えることが重要なポイントです。エビデンスがないなかで、全校の校内研究体制をどうしていくのか、指導案の様式をどうしていくのか、改めて、時間対効果を見直す必要があると言えます。

● 参考文献
・『プロフェッショナル・ラーニング・コミュニティによる学校再生』千々布敏弥　教育出版　2014年

テーマ 毎日の学級通信が良いクラスを作る!?

中学校（私立）の職員室。柏木先生と、採用されて2年目の清水先生が話しています。

この学校で10年以上勤務している中堅教員の柏木先生は、後輩から相談を受けることが少しずつ多くなってきました。

なにやら、「学級通信」について清水先生から相談があるようですよ。

清水　「柏木先生、ぼく、学級通信を始めてみたいんです」
柏木　「へえ、どうしたの？ 急に」
清水　「去年は初任者ということもあって、校務や授業で手一杯でした。でも今年は、少し余裕ができてきたので、学級通信を始めてみようと思ったんです」
柏木　「なるほど」
清水　「ぼくが中学生の頃の担任の先生がとても素敵な学級通信を書かれていて。毎日のように手書きで発行してくれて、それを読むのがとても楽しみだったんです」
柏木　「ふんふん」
清水　「だから、ぼくもその先生のように素敵な学級通信を書いてみたいなと思うんです」
柏木　「そうか。でも、学級通信って結構大変だよ？ 前に出してみた年があったけれど、あまりの大変さになかなか続けられなかった覚えがあるなあ……」
清水　「小学校に比べて中学校って、思春期ということもあって生徒同士の関わりが薄くなりがちです。部活で過ごす時間も長いので、同じ部活に仲の良い友達がいるということもあります。そこで、クラス内でのつながりをつくるきっかけとして、学級通信を発行できればな……と」
柏木　「なるほで、そこまで考えているのであれば、やってみたらいいんじゃないかな？ がんばって！」

2か月後、廊下ですれ違う柏木先生と清水先生

柏木　「あ、清水先生。そういえば学級通信は順調?」
清水　「……それが……」
柏木　「ん?」
清水　「思った以上に学級通信を書くのって大変で……。日中の空き時間は教材準備、放課後は部活動をしていたらクタクタで……実はまだ2回しか発行できていません」
柏木　「そうだったか……」
清水　「それに、書く内容についても悩んでいて。行事予定や持ち物などの事務連絡を書けばよいのか、担任の思いや考えを書けばよいのかもよくわからなくて……。手書きのイラストや、生徒の写真を載せたりしている先生もいますが、ぼくはそんなに器用ではないし……」
柏木　「確かに。毎日時間をかけてでも発行した方がよいのか、たまにでいいから少しでも発行した方がよいのか。内容はどんなことを書くべきか……悩むね」
清水　「そうなんです。小学校では毎日発行している先生もいると聞きます。本当に尊敬します」
柏木　「友人のいる小学校に、教育現場のエビデンスについて研究している先生がいるらしいから、聞いてあげるよ」
清水　「エビデンス!? よくわからないけれど、よろしくお願いします!」

さあ、どうする!?

第3章 教師の業務編

読者のみなさんは、学級通信を書いていますか？

小学校では書いている先生が多いようですが、どんな内容にするか、どれくらい時間をかけるべきか、どのくらいの頻度で出すべきか、考え始めたら悩みはつきません。

学級通信についての研究調査もあるようですが、学級通信にまつわるエビデンスはあるのでしょうか。

あなたならどうしますか？

1…2学期からは文の量を減らして毎日出す
2…内容のテーマをしぼり、頻度も落として出す
3…思い切って、やめる
4…その他

● いまのところの回答…

● その回答を選んだ理由…

ステップ1

● SICOを使った問題の整理

S	Student	(例)担任する学級で
I	Intervention	たくさん学級通信を出すのと
C	Comparison	出さないのでは
O	Outcome	どちらが学級経営がうまくいくか

● ワンポイントアドバイス

　行事の連絡から始まり、保護者への学校教育活動への理解の呼びかけ、学級経営としての児童・生徒への指導など、学級通信の役割は、さまざまです。そのため、学級担任によって、その内容や発行量には差があるようです。では、学級通信の効果とは何でしょうか。学級通信の効果を見直すことは、学級通信の役割を改めて考え直す機会にもなります。

ステップ2・3

● 「学級通信」にまつわるエビデンスを探す

学級通信を直接取り扱ったエビデンスはありませんでしたが、☆☆の研究はありました。

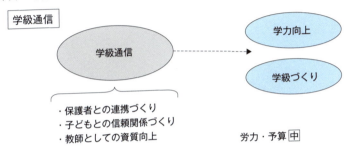

その結果、小学校の教師は、「保護者との連携づくり」「子どもとの信頼関係づくり」「教師としての資質向上」をねらいとして学級通信の作成に取り組んでいることがわかりました。

この3つの効果を期待して、教師は学級通信を発行していることになります。そして、その結果として、学力向上や学級づくりの改善につながることを期待しているでしょう。

しかし、発行する量や、学級通信の効果については、☆☆☆のエビデンスがあるわけではありません。つまり、教師がそう期待して学級通信を出しているのであって、学級通信の有無やその発行量の違いによる学力向上や学級づくりの効果はよくわからないというのが現状です。

ステップ4

● 4つの判断材料で意思決定！

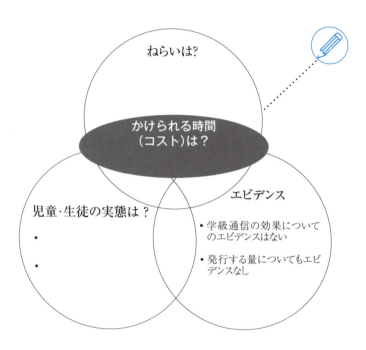

- ねらいは?
- かけられる時間（コスト）は？
- 児童・生徒の実態は？
- エビデンス
  - 学級通信の効果についてのエビデンスはない
  - 発行する量についてもエビデンスなし

見直した結果、どうしますか？

● まとめの解説

　学級通信をたくさん出した方がいいか、出さない方がいいかといった議論は、学級通信のねらいやエビデンスを考慮したテーマとは思えません。学級通信の役割やねらいを明確することによって、冷静に意思決定するべきでしょう。このように、エビデンスのない現状で、強制的に過度な量の通信の発行が担任教師に強いられている場合は、大きく見直されるべきです。また、学級通信の効果をどこでどのように確認していくのか（具体的なOutcomeの設定）を事前に設定しておくことで、学級通信の手ごたえを感じることができるかもしれません。

●参考文献
・鈴木健二（2012）「学級経営における学級通信の役割」愛知教育大学教育創造開発機構紀要(2), pp103-111

おわりに

　先日、私の勤務する学校の超過勤務時間が劇的に少ないということがわかりました。エビデンスに基づく教育に取り組むことで、時間対効果を意識する教員が増えた結果だと思われます。
　本書を読む前には、「確かに、学校の見直しやエビデンスは大事だ。で、どうすればいいのか？ 何が良くなるのか？」と思われていた方が多くいらっしゃると思います。
　これに対する一つの答えが本書です。
　残念ながらいまの学校現場は、エビデンスに基づいて意思決定をしているとは言えません。それは、エビデンスが嫌いなのではなく、「エビデンス」という言葉の意味がわかりにくく、身近にイメージしにくいものだからです。
　だから、エビデンスという言葉の意味や本当の価値を理解したい、身近な実践に落とし込みたいと、私はイギリス、アメリカ、ニュージーランド、フランス、オーストラリア、南アフリカ等の国内外のエビデンスの専門家と10年以上にわたり議論し、学校現場でのあれやこれやの試行錯誤を重ねてきました。
　これまで過程で、たくさんの方々のご協力を賜りました。『教育とエビデンス』の翻訳者である岩崎久美子さんには、「私とエビデンス」の最初の出会いをいただきました。ロンドン大学EPPIセンターのDavid Gough先生には、エビデンスに基づく実践と政策の信念を、EBMの名郷直樹先生には、エビデンスに基づく実践家としての志を教えていただきました。岐阜県養老町立養北小学校の先生方には、研究主任として関わらせていただ

き、地に足の着いたエビデンスに基づく教育を共に築くことができました。「岐阜県養老町教育委員会指定特色ある教育推進事業」では、本書の土台となる取組みを教育関係者の皆様に紹介する場を与えていただきました。強く背中を押してくださった田島英明前校長先生、早﨑京子校長先生、並河清次同町教育委員会教育長には、感謝の気持ちで一杯です。

　執筆の場をいただいた学事出版の戸田幸子さんは、出会いから長い間辛抱強く関わってくださり、今回、江澤隆輔先生という素晴らしい方とおつなぎいただきました。江澤先生は、「時間対効果」という視点からいまの学校の見直すべき事例をご提供くださり、ユーモアのある学校あるあるストーリーを書き下ろしてくださいました。現役教師でもあるイラストレーターの三浦弘貴さんは、その画力をもってリアルな学校現場を描いてくださいました。このような多くの方々とのご縁やご協力の陰で、エビデンスに基づく教育を読者にお伝えすることができました。この場を借りて深く感謝申し上げます。皆様、本当にありがとうございました。

　日頃から支えてくれている妻や我が子たち、家族の皆、担任する学級の子どもたちにも感謝です。いつもありがとう。

　本書が、エビデンスによる学校の見直しに少しでも貢献できれば、幸いです。

2019年6月
森　俊郎

本書で扱う「エビデンス」について

※「エビデンス」とは、津富(2008)を参考に「○○が△△に対して、正ないし負の影響を及ぼすという命題があるとき、実証的検討を経た、その命題についての正否の言明」とした。

※Randomized Controlled Trials(RCT)とは、ランダム化比較試験である。ランダムに被験者群を実験群と比較対照群に分け、ある刺激の効果を測定する方法論である。これまでに主に薬学や医学分野において効果証明の方法として用いられてきた分析方法である。Systematic Reviews(SR：システィマティックレビュー)とは、ある特定の問題に関して、一定の基準に合致しているすべての研究に対し、明示的かつ体系的な手順で一次研究をレビューすることである。

※エビデンスにはグレードがあり、Randomized Controlled Trials(RCT)のSystematic Reviewsが最もバイアスの少ない確かなエビデンスである(津谷2015)。

※正確には、ある情報をエビデンスとして扱うかどうかという判断基準は各国・各機関によって異なる(David：2018)。本書では、読者(主に教師)にわかりやすく伝えるために、3段階の☆の数で表現した。同時に、エビデンスは、個々の勘や経験、個別の研究を指すのではなく、より確かな情報源であるという意味を伝えるため、RCTのSRといったグレードの高いもののみをエビデンスとして扱った。

※効果は、効果量(effect size)を指す。効果量とは、群間での平均値の差の程度、変数間の関連の強さなどを、データの単位に左右されないよう標準化したものである(統計WEB：

2019）。ジョン・ハッティ（2018）では、この効果量の値0.4を「教師が生徒に教える時の基準値」として、それ以上であれば「高い効果が見込める」、それ以下であれば「期待ほどの効果が得られない」とした。EEF（2018）では、効果量を「0.35以下」・「0.36～0.44」・「0.45以上」で大きく3段階に分けて効果の強さを表している。本書では、これらを参考に、0.35以下を「低」、0.36～0.44を「中」、0.45以上を「高」とした。

※「労力・予算」は、当然、状況により異なる。しかし、EEF（2018）では、1学級25人の児童・生徒に必要となる予算をCostとして5段階の€マーク表現している。定期的に公開されている各種調査（教員給与調査等）をもとに算出している。本書では、それらを参考にして、日本の学校現場の実情を踏まえ、3段階で表現した。

●参考文献
- 津富宏（2008）「少年非行対策におけるエビデンスの活用」小林寿一編著『少年非行の行動科学』北大路書房
- 津谷喜一郎（2015）「いろいろな分野のエビデンス　温泉から国際援助までの多岐にわたるRCTやシスティマテック・レビュー」ライフサイエンス出版
- David Gough and Howard White（2018）
「Evidence standards and evidence claims in web based research portals」Centre for Homelessness Impact.
- 統計WEB 統計用語集（2019年5月19日検索）
https://bellcurve.jp/statistics/glossary/1314.html
- ジョン・ハッティ、山森光陽（2018）「教育の効果: メタ分析による学力に影響を与える要因の効果の可視化」図書文化
- Education Endowment Foundation（2018）「Technical appendix and process manual (Working document v.01)」https://educationendowmentfoundation.org.uk/public/files/toolkit/toolkit_manual_2018.pdf

森俊郎 Toshiro Mori（序章及びエビデンスに関する執筆を担当）
岐阜県養老町立養北小学校・ロンドン大学（IOE）客員名誉研究員。エビデンスに基づく教育（EBE）研究会代表。1984年福島県生まれ、岐阜県育ち。広島大学大学院教育学研究科修了。児童自立支援施設広島学園、広島大学附属東雲小学校講師、岐阜県公立小中学校教諭を経て、現職。文部科学省委託「諸外国における客観的根拠に基づく教育政策の推進に関する状況調査」外部アドバイザー、Global Evidence Summitでの成果発表を行う等、国内外でEBEの研究・実践に取り組んでいる。EBEに関する雑誌・論文多数。

江澤隆輔 Ryusuke Ezawa（第1～3章の事例における対話文の執筆を担当）
1984年福井県坂井市生まれ。広島大学教育学部（英語）卒業後、福井市灯明寺中学校、あわら市金津中学校を経て現在は坂井市立春江東小学校に勤務。金津中学校時代の自身のワークスタイルを元に、働き方改革に関する提案をテレビや書籍で積極的に発信。学校現場で悩む教師に、教師の時短術や働き方に関する新しい考え方の提案を続けている。単著に『苦手な生徒もすらすら書ける！テーマ別英作文ドリル＆ワーク』（明治図書出版）、『教師の働き方を変える時短』（東洋館出版）、共著に『ラクに楽しく1時間 中学英語ラクイチ授業プラン』（学事出版）がある。

学校の時間対効果を見直す！
エビデンスで効果が上がる16の教育事例

2019年7月26日　初版発行

著　者　森俊郎・江澤隆輔
発行者　安部英行
発行所　学事出版株式会社
　　　　〒101-0021　東京都千代田区外神田2-2-3
　　　　電話　03-3255-5471（代表）
　　　　http://www.gakuji.co.jp

編集担当　戸田幸子　　編集協力　工藤陽子
装丁・レイアウト　高橋洋一　　イラスト　三浦弘貴
印刷・製本　精文堂印刷株式会社

© Toshiro Mori, Ryusuke Ezawa, 2019 Printed in Japan　ISBN 978-4-7619-2564-2 C3037